KB107935

음악과
학습의
뇌과학

음악과 학습의 뇌과학

발행일	2023년 7월 21일		
지은이	박세근		
펴낸이	손형국		
펴낸곳	(주)북랩		
편집인	선일영	편집	정두철, 윤용민, 배진용, 김부경, 김다빈
디자인	이현수, 김민하, 김영주, 안유경	제작	박기성, 구성우, 변성주, 배상진
마케팅	김회란, 박진관		
출판등록	2004. 12. 1(제2012-000051호)		
주소	서울특별시 금천구 가산디지털 1로 168, 우림라이온스밸리 B동 B113~114호, C동 B101호		
홈페이지	www.book.co.kr		
전화번호	(02)2026-5777	팩스	(02)3159-9637
ISBN	979-11-6836-967-2 93370 (종이책)		979-11-6836-968-9 95370 (전자책)

잘못된 책은 구입한 곳에서 교환해드립니다.
이 책은 저작권법에 따라 보호받는 저작물이므로 무단 전재와 복제를 금합니다.
이 책은 (주)북랩이 보유한 리코 장비로 인쇄되었습니다.

(주)북랩 성공출판의 파트너

북랩 홈페이지와 패밀리 사이트에서 다양한 출판 솔루션을 만나 보세요!

홈페이지 book.co.kr • **블로그** blog.naver.com/essaybook • **출판문의** book@book.co.kr

작가 연락처 문의 ▸ ask.book.co.kr

작가 연락처는 개인정보이므로 북랩에서 알려드릴 수 없습니다.

음악 잘하는 아이가 공부도 잘하는 뇌과학적 이유

음악과 학습의 뇌과학

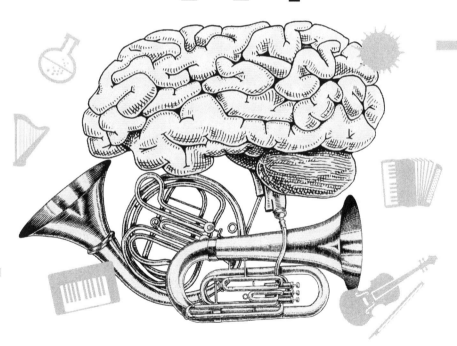

박세근 지음

북랩

프롤로그

소아청소년과 전문의가 된 지 올해로 31년이 되었다. 강산이 세 번 변하고도 남을 만큼의 시간 동안 수많은 아이들을 진료하면서 나는 자폐스펙트럼장애(ASD), 주의력결핍과잉행동장애(ADHD), 난독증 등 신경회로 발달의 어려움을 가진 많은 아이들의 증상과 행동 양상들을 관찰할 수 있었다. 그 결과 이들의 감각(시각, 청각, 후각, 미각, 촉각, 고유수용성 감각)과 인지가 정상인과 비교할 때 많이 다르다는 것을 알 수 있었다. 이들의 감각과 인지는 평균적인 사람보다 과도하게 예민한 부분도 있었고 과도하게 둔감한 부분도 있었다.

감각 중에서도 특히 청각이 이들의 증상이나 행동 양상과 관계가 깊다는 것을 알게 되었고, 그렇다면 문제의 청각을 너무 예민하거나 너무 둔하지 않게 바꿀 수만 있다면 자폐스펙트럼장애나 ADHD, 난독증 등에서 보이는 많은 어려움을 치료할 수 있겠다는 생각을 하게 되었다. 그때부터 나는 청각인지에 대한 연구를 시작하게 되었다. 난독증, ADHD, 자폐스펙트럼장애 환자들이 겪는 어려움을 해결하기 위해서는 정상적인 청각인지 과정에 대한 이해를 바탕으로, 그 환자들의 증상이나 행동 양상이 어떤 신경학적 메커니즘에 의해서 발현되는 것인지를 이해할 필요가 있었다. 원인을 알아야 치료를 할 수 있기 때문이다.

청각인지에 대해 관심을 가지고 관찰하고 연구하며, 다양한 치료 경험을 쌓아가는 과정에서 텍사스 주립대의 이윤상 교수님, 카이스트의 이경면 교수님 등과 학문적 교류를 할 수 있는 기회가 생겼다. 2018년부터는 발달장애나 학습장애 아이들과 관계있는 일을 하고 있는 의사, 치료사, 교육자 등과 같은 다양한 직역의 사람들과 지식과 경험을 공유하기 위해 이 책의 제목인 '음악과 학습의 뇌과학'이라는 이름의 심포지움을 매년 개최하고 있다.

정확하고 빠른 청각인지는 구어 언어 발달의 결정적 열쇠이다. 소리의 미세한 차이를 구별하지 못하면 말소리를 정확히 인지하지 못하게 되고, 이는 곧 언어 발달에 걸림돌이 된다. 또 청각인지가 정확하지 않으면 자신이 속해 있는 주위 환경에 대한 이해가 부족해지고 공간 속에서 자신의 위치를 파악하는 데에도 어려움이 생긴다. 이렇게 부적절하고 부족한 청각인지 능력을 지닌 사람은 자신도 모르게 항상 불안한 상태로 있게 된다. 그 불안이 지속되면 강박장애나 우울증으로 이어질 수도 있다. 정확한 청각인지는 자기 자신과 주위 환경을 이해하고 건강한 정신을 유지하는 데에 필수적이라 할 수 있다.

　이렇게 청각인지의 문제는 발달장애, 학습장애 아이들이 보이는 많은 증상들의 원인이 되며, 다른 사람들과의 사회적 관계 형성에 어려움을 초래할 수 있다. 따라서 훈련을 통해 청각인지 능력을 향상시킬 수 있다면 자폐스펙트럼장애, 언어발달장애, 난독증, ADHD 등을 치료하는 일에 도움이 될 뿐 아니라 청각 과민에 의한 불편함을 해소하는 데에도 도움이 될 수 있다.

　이 책을 구상하기 시작한 것은 작년 가을 무렵이었다. 두 권의 전작에서는 난독증을 심도 있게 다루었는데 이제는 한발 더 나아가 발달장애, 언어장애, ADHD, 자폐스펙트럼장애 등 모든 종류의 학습장애와 발달장애 근원에 자리한 공통의 문제, 즉 청각인지의 문제를 다룬 책을 써야 할 때가 왔다는 생각이 들었다. 많은 임상 경험을 통해 듣기가 달라지면 아이들이 얼마나 많이 바뀔 수 있는지를 알게 되었고, 이러한 사실을 이론적, 경험적 근거를 통해 소개하고 싶었다.

　청각인지의 문제에 대해서는 최대한 신경과학적 사실에 근거하여 설명하였다. 또 이러한 감각적, 인지적 어려움을 신경해부학적으로나 신경생리학적으로 모순되지 않는 사실과 가설에 근거하여 치료할 수 있는 방법들을 제안하였다. 이해하기 쉽게 풀어쓰고자 하였으나 청각인지의 문제를 다루기 위해서는 듣기와 발성의 해부 생리학적 구조 등 부득이 어려운 이야기도 포함될 수밖에 없었음을 양해해 주기 바란다. 혹여 책이 너무 어렵게 느껴지는 독자라면 책을 통해 내가 가장 하고 싶은 이 한마디만은 기억해주기를 바란다.

"귀가 바뀌면 뇌가 바뀝니다."

이 책이 나오기까지 연구하는 뇌과학자의 입장에서 심포지움을 같이 하고, 지식과 영감을 주신 이경면 교수님과 이윤상 교수님, 아이들의 훈련을 도와주는 이선주 실장을 비롯한 스카이두뇌세움 클리닉 치료사들에게 감사의 마음을 전한다.

그리고 누구보다도 지난 14년간 나를 믿고 찾아와준 많은 아이들과 부모님들에게 마음 깊은 감사를 전하고 싶다.

차 례

PART 02
리듬 - 타이밍 인지의 뇌과학

PART 03
달라진 아이들의 이야기 - 실제 훈련 사례

청각인지의
뇌과학

청각,
가장 원초적인 감각

우리는 시각, 청각, 후각, 미각, 촉각 등의 감각을 통해 외부 세계의 자극들을 몸 안으로 받아들이고, 몸의 내부로 들어온 자극들은 두뇌로 전달되어 자극의 구체적 특성을 파악한다. 눈에 보이고, 귀에 들리고, 피부에 닿는 등의 감각 자극들이 무엇인지를 알게 되면, 이 정보를 종합해 어떻게 대처할지를 결정해서 반응하고 행동하며 살아간다.

살아가면서 접하는 다양한 자극들이 구체적으로 무엇인지를 얼마나 빠르고 정확하게 인지하는지에 따라 그 사람이 겪는 여러 문제를 얼마나 빠르고 정확하게 파악해서 해결할 수 있는지가 결정된다. 즉, 빠르고 정확한 문제 인지 능력이 그 문제를 잘 해결할 수 있는지 여부를 결정하고, 더 나아가 환경에 얼마나 잘 적응하고 살 수 있는지를 결정하게 된다.

모든 감각이 중요하지만, 특히 청각은 자신이 속한 환경 속에서 자신을 인지하는 데 가장 중요한 감각이다. 주위 환경을 정확히 파악하고 그 속에서 자기 자신을 인지하는 것은 생존을 위해 가장 기본적인 조건이므로 청각은 가장 중요하면서도 가장 기본이 되는 감각이라 할 수 있겠다.

주위 상황과 자기 자신을 이해하는 데 중요한 역할을 하는 청각의 메커니즘을 알아보자.

우리는 공기 중에 살고 있으며, 공기 속에는 항상 파동이 존재한다. 청각은 중력이나 몸의 움직임과 균형을 감지하기도 하지만, 주로 공기의 진동을 감지하는 기관이다. 또 청각은 자고 있을 때나 깨어있을 때나 자신의 의지와 관계없이 언제나 작동되고 있다. 이를 통해 청각은 항상 주위 상황을 감지하여 자신이 지금 어떤 상황에 놓여 있는지를 파악한다.

실제 우리는 아무 소리도 없는 상태에서는 불안을 느끼기도 한다. 그 이유는 원시 부족 사회부터 인류가 생존해온 과정에서 찾아볼 수 있다. 원시 시대에는 맹수들의 공격을 받을 위험에 항상 노출되어 있었다. 그래서 부족 사회 구성원 가운데 누군가는 밤새 깨어 있을 필요가 있었고, 모닥불을 피워 맹수들의 공격에 대비할 필요도 있었을 것이다. 잠을 자는 구성원들은 모닥불이 타닥타닥 타는 소리와 인기척을 들으면서 지금 안전한 상황이라는 것을 인식하고 편안하게 잠을 잘 수 있었을 것이다.

이렇게 현재 위험이 없다는 정보를 완전한 정적 속에서 얻는 것이 아니라 평소 일상적으로 듣던 소리를 들으면서 얻는 것이다. 마찬가지로 현대 사회에서도 사람들은 평소 편안한 상태에서 무의식 중에 듣던 소리가 전혀 없으면 불안을 느낄 수 있다. 소리가 전혀 없는 상태에서는 주위 상황을 파악할 수가 없기 때문에 오히려 불안해지는 것이다.

인간은 공간 속에서 공기의 진동을 감지하여 눈으로 보지 않고서도 자신이 있는 공간에 대해 대략적인 인지를 할 수 있다. 눈을 감은 채 소리만 듣고서도 자신이 있는 곳이 벌판인지 동굴인지를 구별할 수 있다. 공간의 형태에 따라서 소리가 반사되는 정도가 다르기 때문에 이를 통해 공간의 대략적인 형태를 인지해서 자신이 놓인 공간적 환경을 파악하는 것이다. 또 공간 안에서 자신의 위치도 알아낸다. 마치 물고기가 옆줄을 통해 물속에서 액체의 파동을 감지하여 먹이나 적의 위치뿐 아니라 지형 등을 파악하는 것처럼 말이다. 공기가 전혀 없는 진공 상태에서는 공간에 대한 인지가 제대로 이루어질 수 없기 때문에 공간 안에서 자신의 위치를 알 수도 없다. 이런 상황에서는 자기 자신을 환경에 잘 적응시키면서 조화롭게 어울려 살기가 어려워진다.

청각 기능은 소리를 듣는 것 외에도 신체의 평형감각을 조절하기도 하고, 고유수용성 감각에도 관여하며, 자신의 신체상(Body Image)을 형성하는 데에도 관여한다. 따라서 이런 청각 기능이 정확하지 못하면 자신의 신체상을 정확히 가지지 못해 자기 자신에 대한 믿음이 부족해지고, 이는 곧 낮은 자존감으로 연결될 수 있다. 이런 관점에서 볼 때 청각인지의 질은 삶의 질과 밀접하다고 할 수 있겠다. 오감 중에서 청각은 가장 원초적인 감각이면서 세상을 이해하고 자신을 이해하기 위해 가장 중요한 감각이라 할 수 있다.

음악이 왜
언어와 난독증 치료에 효과적인가

　음악과 구어 언어는 소리로 만들어져 있다. 또 소리로 되어있다는 점 외에 소리의 미세한 특성에서도 많은 공통점을 가지고 있다. 구어 언어가 인간에게 꼭 필요한 것이라는 것은 말할 필요도 없다. 만약 구어 언어가 없었다면 인간은 만물의 영장으로 살아남지 못했을 뿐만 아니라 지금의 문명도 이루지 못했을 것이다. 그에 비해 음악은 구어 언어만큼 인간의 생활에 절대적이지는 않은 것처럼 보인다. 하지만 음악과 구어 언어는 청각 정보로서의 유사성이 많고, 두뇌에서 정보처리를 하는 회로도 겹치는 부분이 많다.

　이제 '음악은 인간에게 어떤 의미가 있을까?'에 대해 생각해보자.

　대개 동물은 자기가 만들어낸 소리는 좋아하지만 음악을 좋아하지는 않는다. 스노우돈과 테이는 '영장류는 자신의 목소리 구조에서 파생된 음악에는 선호를 보인다'고 하였다(Snowdon and Teie, 2010). 그에 비해 인간은 누구나 음악을 좋아하며, 선천적으로 음악적 능력을 지니고 태어난다. 음악을 이해하고 즐기는 데 필요한 유전자를 가지고 태어나는 것이다. 인류의 생존과 발전을 위해 음악이 꼭 필요했기 때문에 진화 과정에서 인간이 음악적 능력을 가지게 된 것일 수 있다.

음악의 기능을 살펴보면 언어만큼은 아니라도 인간사회에서 많은 역할을 하고 있음을 알 수 있다. 여러 학자가 인간에게 음악은 어떤 의미인지에 대해 언급한 바 있다.

음악은 인간에게 짝을 유혹하고 사람들을 모이게 하여 사회적인 응집을 유도함으로써 생존을 도모하고(Darwin, 1871; Huron, 2001), 즐거움을 주기도 한다.

맥더모트와 하우저는 '다른 영장류는 음악 듣기보다는 침묵을 더 좋아하는 데 반해 인간은 음악에서 즐거움을 얻고 음악 듣기를 좋아한다'고 하였다(McDermott and Hauser, 2007).

무엇보다도 음악이 인간에게 중요한 이유는 음악과 언어의 유사성에서 찾을 수 있다.

언어를 처리하는 두뇌회로와 음악을 처리하는 두뇌회로는 공통적인 부분이 많고, 말소리의 소리 구조와 음악의 소리 구조는 밀접한 연관이 있다. 그래서 '음악은 언어의 전조(precursor)이다. (The Singing Neantherthals; Mithen, 2005)', '언어의 전조는 음악이다. (Steven Pinker, 1997)'라고 주장하는 학자들도 있다.

인지음악학(Cognitive Musicologia)의 발달로 음악과 언어는 소리 구조가 같고, 음악과 언어정보를 처리하는 뇌신경회로도 공통적인 부분이 많다는 것이 알려지면서 언어장애가 있는 환자들의 치료, 파킨슨병이나 난독증의 치료에 음악을 이용하기도 한다.

그런데 뇌 손상으로 언어장애가 있는 사람들 가운데 노래를 부르는 데에는 문제가 없는 경우가 있는 것으로 볼 때, 음악과 언어를 처리하는 두뇌회로가 겹치는 부분이 많기는 해도 완전히 동일한 경로라고는 할 수 없다.

최근 20여 년 사이에 연구자들 사이에서는 '언어의 전조'로 여겨지는 '음악'을 이용하여 언어장애를 치료하려는 시도들이 많이 있었다. 실제 임상에서 뇌손상으로 언어장애가 생긴 환자의 재활 치료에 음악의 리듬적 요소를 이용한 사례도 있다.

왜 음악이 언어장애나 난독증 치료에 효과적인 수단이 될 수 있는지에 대한 연구들 가운데 가장 유력한 이론으로는 오페라 (OPERA) 가설이 있다.

OPERA 가설(Patel, 2011년)

1. Overlap(공통)

음악과 언어 정보를 처리하는 두뇌 신경망은 해부학적으로 동일하다.

따라서 음악 정보를 처리하는 훈련을 하면 언어 정보를 처리하는 회로가 활성화될 수 있다.

2. Precision(정밀)

정보 처리의 정확성 면에서 음악에 대한 정보 처리는 말소리에 대한 정보 처리보다 더 높은 정밀도를 요구한다. 음정과 박자는 음악에도 들어있고, 언어에도 들어있다. 그렇지만 음악은 언어보다 음정과 박자의 정확성을 훨씬 더 엄격하게 요구한다.

따라서 음악 소리에 대한 정보 처리를 정확하게 한다는 것은 말소리 정보 처리를 정확히 하는 것보다 어렵기 때문에, 음악을 이용하여 훈련하면 두뇌에서 언어 정보를 처리하는 것이 상대적으로 쉬워질 수 있다. 즉, 음악으로 훈련을 하면 언어 훈련이 쉬워지는 효과를 볼 수 있다는 것이다.

3. Emotion(정서)

음악 정보와 언어 정보를 처리하는 두뇌 신경망은 대화를 할 때보다 음악 활동을 할 때 더 강한 긍정적 정서를 나타낸다. 따라서 음악을 들으면 언어를 통해서 얻는 것보다 더 큰 정서적 만족을 얻을 수 있다.

4. Repetition(반복)

음악과 언어 정보를 처리하는 두뇌 신경망은 반복된 음악 활동을 할 때 생활 속에서 언어 정보를 처리하는 것 이상으로 반복 사용된다. 언어 발달에는 언어의 반복적 경험이 중요한데, 언어 자극을 반복적으로 경험하기 위해서는 치료사의 도움이 필요하고 환자가 반복에 싫증을 느끼기가 쉽다. 반면 음악을 통해 반복적 경험을 제공한다면 치료사의 도움을 최소로 하면서 환자의 흥미를 유지하기가 용이하다. 즉 음악을 이용한 언어치료가 실제 언어 자극을 주는 치료보다 언어 기능 향상에 더 많은 도움이 될 수 있다.

5. Attention(주의)

음악과 언어 정보를 처리하는 두뇌 신경망은 초점주의(Focused Attention)와 관계있어서 음악의 내용을 파악하는 것이 대화의 내용을 파악하는 것과 관계있다. 그러므로 음악의 내용을 파악하는 훈련으로 대화의 내용을 파악하는 능력을 향상시킬 수 있다.

오페라 가설을 정리하면, 음악과 언어 정보처리는 같은 두뇌 신경회로를 사용하기 때문에, 언어장애 치료 시 음악으로 훈련하면 언어로 훈련하는 것보다 더 효과적이라는 것으로 요약할 수 있다. 음악 정보처리가 언어 정보처리보다 더 높은 정확도가 요구되고, 더 강한 긍정적 반응을 유발하며, 더 많은 반복을 하게 만들고, 더 쉽게 주의집중을 하게 만들기 때문에 언어장애 치료에 음악을 활용하면 언어 정보처리 능력을 효과적으로 향상시킬 수 있다는 것이다.

오페라 가설 외에도 기존의 언어 치료보다 음악을 이용한 언어장애 치료가 더 효과적이라는 연구 결과들이 많이 있다.

음악은 또한 학습과도 밀접한 관계에 있다. 우리가 무언가를 배우기 위해서는 강의를 듣거나 책을 읽어야 한다. 무엇을 배우든 간에 말로 설명을 듣거나 책에 적혀있는 내용을 읽고 이해하는 과정이 빠르고 정확해야 쉽게 배울 수 있다. 따라서 언어 이해가 정확하고 빠른 사람은 그렇지 못한 사람에 비해 학습에 훨씬 유리하다.

앞에서 언급한 바와 같이 음악 훈련(Music Training)은 언어 발달을 촉진할 수 있고, 언어 능력은 읽기 학습의 기초가 되므로 결국 음악과 학습은 상당히 밀접한 관계에 있다고 할 수 있겠다. 특히 음악의 요소인 박자와 음정 가운데 박자 맞추기 능력은 구어 언어 능력과 읽기 능력을 향상시키는 데 아주 큰 효과가 있을 뿐 아니라 주의집중력과도 관계가 깊어서 음악과 학습은 떼려야 뗄 수 없는 상관관계에 있다고 할 수 있다.

음악은 선천적으로 언어 발달에 문제를 가지고 있거나, 뇌 손상이나 질병으로 인해 후천적으로 구어 언어 능력이 퇴화한 사람들에게 많은 도움이 되며, 공부를 잘하고 싶은 사람에게도 도움이 된다. 이와 같은 음악의 효과는 최근 20여 년 사이에 많은 과학적 근거를 통해 입증되었다.

결국 음악은 인간에게 즐거움과 마음의 평안을 주는 정서적 유익, 언어 능력과 집중력을 향상시키는 기능적 유익을 모두 주기 때문에 인류의 생존과 번영에 꼭 필요한 것이 아닐 수 없다. 인간에게 이토록 중요한 음악과 언어에 대해 최대한 신경과학적 근거를 통해 알아보도록 하자.

음악과 언어의 공통분모,
소리

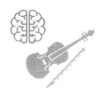

　음악과 언어를 이해하기 위해서는 둘의 공통 요소인 소리에 대해 먼저 알아야 할 필요가 있다.

　'소리는 대체 무엇인가?'

　물리적으로 소리는 고체, 액체, 기체인 매질의 진동에 의해 공기 진동이 발생하여, 인간의 청각 기관을 통과한 후 청각인지를 일으킬 수 있는, 즉 인간이 들을 수 있는(Audible) 압력의 파동(Wave of Pressure)이다. 매질을 통해 전달된 진동은 주파수에 따라 인간이 들을 수 있는 진동과 들을 수 없는 진동으로 나누어진다. 물체의 진동으로 형성된 공기의 진동들 중에서 진동수가 인간이 들을 수 있는 주파수 범위인 16~20,000Hz 사이의 공기 파동을 소리라고 할 수 있다. 즉, 소리는 음원이 되는 물체의 진동이 공기의 압력을 변화시켜 만들어낸 시간에 따른 공기압의 변동(Fluctuation) 가운데 인간이 들을 수 있는 진동이다.

일반적으로 소리에는 규칙적인 진동이 일정 시간 동안 계속되거나, 진동상태의 변화가 완만하여 그 음의 높이를 분명히 인식할 수 있는 소리가 있고, 주파수나 진동의 세기(강도)가 불규칙하여 음의 높이가 일정하지 않은 소리가 있다.

음높이를 분명히 인식할 수 있는 소리 중에서 가장 단순하고 기본적인 성질을 가진 소리를 순음이라 한다. 순음은 단일한 주파수를 가지며, 음압(Sound Pressure)의 주기적인 변동이 사인파(Sine Wave)의 모양으로 변하는 것으로 자연계에서 순음이 발생하는 일은 매우 드물다. 악기에서 나오는 소리의 경우 음높이가 명확히 구분되어 인지되기는 하지만, 소리를 분석해 보면 주파수나 강도가 다른 여러 순음이 겹쳐져 있는 복합음이다. 복합음은 주파수가 다른 여러 개의 순음들이 합쳐진 소리를 말하며 가장 낮은 주파수의 순음을 기본주파수 소리 또는 기음(基音, Ground Note)이라 하고, 그 밖의 성분음을 상음(上音, Overtone) 또는 배음(倍音)이라고 한다.

우리가 소리를 듣고 그 소리의 정체를 파악하기 위해서는 소리의 높낮이, 크기(볼륨), 음색이라는 3가지 요소가 필요하다. 이를 소리의 3요소라고 한다. 소리의 3요소를 물리적 요소에 대응시키면 소리의 높낮이는 주파수에, 소리의 크기는 음압에, 음색은 사인파의 형태나 배음의 구성 성분에 각각 대응한다.

소리가 포함하고 있는 기음의 주파수가 높은 소리는 고음으로 들리고, 기음의 주파수가 낮은 소리는 저음으로 들린다. 소리의 크기는 1,000Hz를 기준으로 했을 때의 음압 레벨(데시벨; dB)로 나타내고, 이것을 폰(Phone)이라고 한다.

두 개의 소리를 들었을 때 높이와 크기가 똑같다고 해도 소리를 만들어낸 음원의 종류가 다르면 우리는 동일한 소리가 아니라는 사실을 인지한다. 같은 크기로 피아노의 '도' 소리와 트럼펫의 '도' 소리를 들려주면 두 소리가 다르다는 것을 아는 것이다. 다른 소리라는 것을 아는 이유는 각각의 음원체에서 나오는 소리의 질이 다르기 때문이다. 모든 물체는 고유의 특성이 있어서 물체마다 다른 소리를 내는데, 이를 음색이라 하고 음색은 음파의 형태나 배음의 구성 차이에 의해 결정된다.

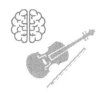

잘 듣는다는 것은
무엇인가?

인간은 시각, 청각, 후각, 미각, 촉각 등의 오감을 통해 외부 정보를 두뇌로 전달받는다. 이때 뇌로 전달된 감각 정보가 '존재'한다는 사실만을 아는 것과 뇌로 입력된 정보가 '무엇'인지를 구체적으로 구별해서 그 정보의 정체가 무엇인지를 아는 것은 다르다.

청각 정보가 귀를 통과해서 청각신경계로 들어가는 과정, 즉 소리 듣기의 과정에서 발생하는 감각과 인지에 대해 알아보자.

소리 듣기에는 두 종류가 있다. 소리가 청각 기관을 통해 들어왔을 때 소리가 들린다는 것을 아는 '단순 듣기(Hearing)'와 들리는 소리가 무엇인지를 구체적으로 구별해서 알아내는 '청각인지'가 그것이다.

강아지의 경우 가청주파수 영역의 범위가 65~45,000Hz로 사람에 비해 두 배 이상 넓으며, 단순 듣기 능력이 사람에 비해 월등히 좋다. 그렇지만 소리의 미세한 차이를 구별하는 청각인지의 세밀함은 사람보다 많이 뒤떨어진다. 청각인지의 세밀함은 곧 구어 언어 능력과 밀접한 관계가 있다. 강아지는 사람만큼 소리의 미세한 차이를 구별하는 능력이 뛰어나지 않아 주인이 강아지에게 어떤 이야기를 해준다 해도 알아들을 수 있는 단어가 거의 없다.

우리말에서 '엄마'라는 단어 하나를 알아들으려면 '엄'과 '마'라는 음절을 구성하는 음소 'ㅓ', 'ㅁ', 'ㅏ'를 구별해서 알아들을 수 있어야 한다. 이때 'ㅁ'과 'ㅏ'라는 음소는 구별해서 알아듣는데, 'ㅓ'라는 모음 음소 하나를 'ㅏ'인지, 'ㅔ'인지, 'ㅣ'인지, 'ㅗ'인지, 'ㅜ'인지 구별할 수 없다면, '엄마'라는 단어를 듣고서도 '엄마'인지, '암마'인지, '엠마'인지, '임마'인지, '옴마'인지, '움마'인지를 알 수가 없다. 만약 구성 음소의 개수가 적은 단순한 단어 정도는 알아들을 만큼의 청각인지 능력이 있는 강아지가 있다면, 아마 '엄마'라는 단어는 알아들을지도 모른다. 그렇지만 구성 음소의 개수가 많고 더 복잡한 단어를 들었을 때는 알아듣지 못할 것이다. 결국 강아지는 사람만큼의 음소 인지 능력이 없기 때문에 사람과 같은 구어 언어 능력을 가질 수가 없다.

강아지와는 반대로 유명한 오케스트라 지휘자의 경우를 생각해 보자. 그는 30년이 넘는 지휘자 생활로 큰 소리에 반복 노출되는 일이 잦아서 소음성 난청이 생겨 청력이 손상되어 있다. 그렇지만 소음성 난청으로 인한 단순 듣기의 어려움에도 불구하고 100명 규모의 오케스트라를 지휘하면서 단원 중 누가 어느 부분에서 어떻게 틀렸는지를 정확히 지목할 수 있는 능력이 있다. 이 경우 '단순 듣기 능력'은 부족하지만 '청각인지 능력'은 매우 훌륭한 것이다.

물론 단순 듣기 능력이 좋아야 청각신경계로 입력된 소리 정보를 인지(Listening)하는 데 유리하지만, 단순 듣기가 잘 된다고 해서 청각인지가 반드시 잘 되는 것은 아니다. ADHD나 자폐스펙트럼 장애 아이들 중에는 단순 듣기 능력은 아주 좋은데도 불구하고 소리의 미세한 차이를 구별하는 청각인지는 잘 안 되는 경우를 흔히 볼 수 있다. 단순 듣기 능력이 과도하게 좋은 ADHD 아이는 아주 작은 소리에도 주의집중이 쉽게 흐트러지지만, 정작 집중해서 꼭 들어야 할 말소리 정보는 놓치는 경우가 많다. 유능한 오케스트라 지휘자와 정반대의 경우인 것이다.

다시 말하지만 단순 듣기가 좋아도 청각인지가 좋지 않을 수 있고, 그 반대의 경우도 마찬가지다.

소리가 청각계로 들어와 인지되는 과정에 대해 알기 위해서는 귀부터 대뇌 청각 피질까지 소리 정보가 전달되는 과정부터 알아야 한다. 귀로 들어온 소리 정보는 내이에서 전기 신호로 변환되어 청신경을 통해 뇌줄기로 전달된 후 대뇌 일차청각영역에 도달한다. 대뇌 일차청각영역에 도달한 소리정보는 일차청각영역 주변 영역에서 정보를 분석하여 인지하게 된다.

이제 청각 경로에 대해 알아보자.

소리의 전달 경로: 귀에서 뇌까지

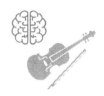

　소리의 전달 과정은 물체가 진동하여 공기압의 변동을 일으키면, 그 공기압의 변동이 시간에 따라 순차적으로 고체로 이루어진 중이 구조물(고막과 이소골)로 전달된 후, 그 고체 진동이 내이의 림프액(액체)으로 전달되어 내이에서 전기 에너지로 바뀐 후 신경계로 전달된다. 다시 말해 공기압의 변동이 외이도로 들어오면 외이도를 막고 있는 얇은 비닐종이 같은 구조물인 고막을 진동시키고, 고막의 진동은 고막에 붙어있는 망치뼈를 흔들고, 망치뼈의 진동은 등자뼈에 전달된 후, 등자뼈는 달팽이관에 연결되어 있어서 달팽이관 안에 들어있는 림프액에 진동을 일으키고, 이 액체의 진동이 전기 신호를 만들어 청신경을 통해 청각신경계로 소리 정보를 전달한다.

　먼저 청각 경로 중 신경계 이전까지인 귀에 대해 알아보자.

귀는 해부학적 구조상 외이, 중이, 내이로 구분된다.

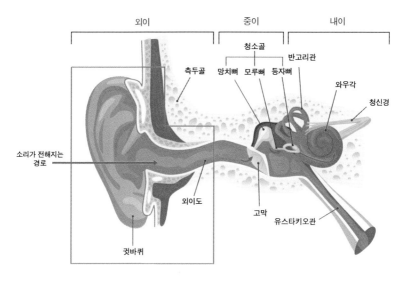

[그림 1] 소리가 두뇌로 전달되는 경로 中 귀

외이

외이는 귓바퀴와 외이도로 구성된다.

귓바퀴는 얼굴의 일부로서 미용상으로도 중요하지만, 소리를 포집하는 기능을 한다. 청각계 본연의 임무인 정확한 청취 임무를 최일선에서 수행하는 것이다. 귓바퀴의 깔때기 모양은 4,000Hz 영역의 소리를 3dB 정도 증폭시키고, 귓바퀴의 굴곡은 5,000~6,000Hz 영역의 소리를 10dB 정도 증폭시킨다. 결국 고주파 영역대의 소리를 선택적으로 증폭시키는 역할을 하는 것이다. 이 주파수대의 소리는 인간의 구어 언어를 구성하는 소리의 주성분이므로 이를 선택적으로 증폭시키는 것은 말소리 청취를 쉽고 정확하게 하는 데 도움을 준다. 가능한 한 많은 소리를 포집하고, 귓바퀴의 굴곡진 모양을 통해 인간의 구어 언어생활에 아주 중요한 주파수대의 소리(400~8,000㎐)가 감쇄되지 않게 하면서 상대적으로 덜 중요한 소리는 감쇄되게 만든다.

또 귓바퀴는 소리가 나는 음원의 위치를 파악하는 데 도움을 준다. 음원의 위치가 좌측인지 우측인지를 판단하는 것은 좌측 귀로 들어온 소리와 우측 귀로 들어온 소리의 시간차와 음량 차이를 계산하여 이루어진다. 음원의 위치가 오른쪽이라면 오른쪽 귀로 들어온 소리와 왼쪽 귀로 들어온 소리의 시간 차이가1만분의 5초 정도 나게 되고, 소리 크기는 3㏈ 정도 나는데, 두뇌는 이를 토대로 음원의 좌우 위치를 파악한다.

그렇지만 소리의 전후, 상하 위치는 시간차나 음량 차이를 가지고 알아낼 수가 없다. 이때 귓바퀴는 전후, 상하 위치를 파악하는 데 도움을 준다. 소리의 전후, 상하 위치를 파악하기 위해서는 소리가 몸통에 부딪혀 흡수되거나 반사되는 정도와 귓바퀴의 굴곡을 통해 소리가 주파수별로 반사되거나 흡수되는 정도에 대한 정보가 필요하기 때문에 귓바퀴가 필요한 것이다.

음원의 위치를 파악하는 능력이 부족한 사람은 교통사고 같은 각종 안전사고에 취약하다. 따라서 귓바퀴는 우리의 안전을 지키는 역할도 하는 셈이다.

외이도는 직경 0.8㎝에 길이가 2.5㎝ 정도 되는 원통 모양의 통로로 안쪽은 고막으로 막혀 있다. 외이도로 들어오는 소리는 구부러진 외이도 벽에 부딪히면서 반사되기도 하고 흡수되기도 한다. 이런 반사와 흡수의 과정에서 외이도는 인간 말소리 범위의 주파수에 해당하는 소리를 보존하는 역할을 해서 말소리를 정확히 듣는 데 도움을 준다.

또한 외이도는 한쪽이 막혀 있는 원통 모양의 통로 구조인데, 이는 공기의 파동이 지나가면서 공명이 많이 일어날 수 있는 구조이다. 공명 현상으로 2,500~5,500Hz 대역의 소리 압력이 증폭되는데, 특히 2,500~2,700Hz 대역에서 소리 크기가 13dB 정도 증폭된다. 이 역시 말소리를 정확히 듣는 데 도움이 된다.

이런 사실들로 볼 때, 귓바퀴와 외이도로 구성된 외이는 미용뿐 아니라 우리의 언어생활과 안전에 아주 중요한 역할을 하는 것이다.

※ 공명

모든 물체는 외부에서 힘이 가해지지 않아도 각각 고유한 진동수를 가지고 진동한다. 자연계에 존재하는 어떤 물체가 가지고 있는 진동수를 그 물체의 고유진동수라 하며, 하나의 물체는 여러 개의 고유진동수를 가질 수 있다.

어떤 물체의 고유진동수와 같은 진동수의 외력이 그 물체에 주기적으로 전달되면 고유진동수로 진동하고 있던 그 물체의 진폭이 크게 증가하게 되는데, 이런 방식으로 진동에너지가 커지는 현상을 공명 현상이라 한다. 또 공명 현상이 일어났을 때의 진동수를 공명진동수라고 한다.

공명은 음향계, 광학계, 역학계 등 여러 종류의 진동계에서 일어나는 현상이다. 공명의 조건이 갖춰진 상대에서 진동제가 서로 직접 연결되어 있는 경우에는 에너지 교환이 훨씬 더 쉽게 일어나기 때문에 공명진동수로 적은 에너지만 가해져도 공명 현상은 크게 일어날 수 있다.

사람이 말을 하고 있을 때는 주로 척추뼈와 두개골을 통한 골전도를 통해 자신의 목소리를 듣게 되며, 이때 일어나는 공명 현상은 말하는 동시에 자기 자신의 말소리를 명확히 듣는 데 도움이 된다. 척추뼈와 두개골은 해부학적 구조상 진동체가 서로 연결되어 있어서 공명이 잘 일어나는 구조물이다. 즉, 인체 구조는 말할 때 자기 자신의 말소리를 정확하게 듣도록 설계되어 있는 것이다. 자신의 말소리를 정확히 들으면서 말을 하면, 자신이 무슨 말을 하고 있는지 정확히 인지할 수 있기 때문에 좀 더 조리 있게 말할 수 있다.

중이

중이는 고막, 이소골(망치뼈, 모루뼈, 등자뼈), 망치뼈근육, 등자뼈근육, 유스타키안관 등으로 구성되어 있다. 외부로부터 들어온 소리의 공기 압력이 고막에 전달되면 고막이 진동하게 되고, 고막의 진동은 망치뼈를 진동시키고, 망치뼈의 진동은 등자뼈를 진동시킨다. 등자뼈의 진동은 달팽이관 속에 들어있는 림프액을 진동시키므로, 결국 중이는 외이로 들어온 기체의 파동을 내이의 액체 파동으로 변환시키는 역할을 하는 것이다.

고막은 두개골의 뼈 안에 아주 단단하게 고정되어 있는 흰색의 반투명한 얇은 막으로, 탄성이 좋아서 외이도를 통해 들어온 공기를 매질로 하는 소리 압력의 파동에 대해 즉각적인 떨림이 일어난다. 주파수가 높은 고음에는 작은 진폭으로 빠르게 진동하며, 상대적으로 주파수가 낮은 저음에는 큰 진폭으로 느리게 진동한다.

고막의 진동은 고막에 붙어있는 망치뼈의 진동을 일으켜 외이를 통해 들어온 공기전도 소리를 이어갈 뿐만 아니라, 동시에 고막의 진동이 골전도를 함께 일으킨다. 고막의 진동이 골전도를 일으키는 이유는 고막이 두개골 뼈에 아주 단단히 고정되어 있기 때문에 고막의 진동은 두개골 뼈에 진동을 일으키며, 이렇게 유발된 두개골의 진동은 두개골 뼈 안에 묻혀있는 달팽이관의 림프액에 진동을 일으키기 때문이다.

중이 공간 안에 있는 소리를 전달하는 3개의 아주 작은 뼈인 이소골(망치뼈, 모루뼈, 등자뼈)은 고막의 진동을 받아 달팽이관 속에 있는 림프액의 진동을 만든다. 이는 외이도로 들어온 공기의 압력인 소리 파동을 내이 달팽이관의 액체 파동으로 변환하는 중간 다리 역할을 하는 것이다. 이런 메커니즘으로 고막의 진동은 소리의 공기전도뿐 아니라 골전도를 동시에 만든다.

중이에 있는 근육으로는 망치근과 등자근이 있다. 이 두 개의 근육은 고막의 진동으로 인해 움직임이 발생한 이소골(망치뼈, 등자뼈 등)의 위치를 원래대로 복귀시키는 역할을 한다. 이 소리 전달뼈가 고막의 진동을 받아 움직임이 발생한 후 빠르게 원래의 위치로 돌아오지 못하면, 시간에 따른 공기압의 변동인 소리의 특성상 방금 들어온 소리 파동을 진달한 다음에 곧바로 이어지는 소리 파동을 정확하게 받아 내이로 전달하기가 어려워진다.

예를 들어 어떤 사람이 중이근의 기능이 부족한 사람에게 "행운을 빌어요!"라고 말했다고 하자. 이때, 그 사람의 귀로 '행'이라는 소리가 들어가고 나서 뒤이어 '운'이 들어가고, 다음은 '을'이 들어가고, '빌'이 들어가고, '어'가 들어가고, '요'가 들어간다. 이렇게 주파수가 다른 소리들이 순서대로 들어가고 있는 상황에서 이소골이 '행'이라는 소리를 전달하고 나서 '운'이라는 소리를 정확히 전달하기 위해서는 원래의 위치로 돌아와야 한다. 그래야만 다음에 오는 '운'이라는 소리를 제대로 전달할 수 있다.

그런데 중이근의 기능이 부족해서 이소골을 빠르게 원위치시키지 못하면, 연속해서 귀에 들어오는 소리 정보를 정확히 전달할 수가 없다. 특히 저음이면서 볼륨이 큰 소리가 들어오면 고막의 떨림은 폭이 커지기 때문에 근육의 기능(원활한 수축과 이완)이 부족하면 다음에 들어오는 소리 파동을 제대로 받아 전달하기가 더욱더 어려워진다.

이런 이유로 청각인지 기능이 잘 유지되려면 중이의 두 근육이 항상 적절한 긴장도를 유지한 상태여야 한다. 이 근육들이 무기력해서 팽팽한 상태를 유지하지 못하고 과도하게 늘어나 있으면 귀로 들어오는 소리 가운데 저주파 소리의 에너지를 감쇄시킬 수가 없다. 저주파 소리의 에너지가 감쇄되지 않고 과도하게 들어오면 언어 소리의 주파수 성분인 800~4,000Hz 영역의 소리를 뚜렷하게 듣기가 어려워진다. 낮은 소리가 말소리 높이의 소리를 덮어버리는 것이다. 저주파 음역대의 소리를 감쇄시켜 고음이 저음에 덮이지 않게 해주어야 말소리의 주성분인 고음을 잘 들을 수 있고, 그래야 말소리를 명료하게 들을 수 있다.

중이근의 기능이 부족한 사람은 정상 중이근 기능을 가진 사람에 비해 소음이 있는 곳에서 상대방의 말을 알아듣기가 더욱더 어렵다. 많은 사람이 모여 있는 곳의 소음은 상대적으로 저주파 소리가 많고, 저주파 소리를 감쇄시켜야 소음이 있는 곳에서도 말소리를 잘 들을 수 있기 때문에 중이의 기능, 즉 망치근과 등자근의 기능이 부족한 사람은 등자근의 기능이 좋은 사람에 비해 소음이 있는 상황에서 상대방의 말을 정확히 알아듣기가 어렵다.

결국 중이는 인간 말소리를 선명하게 들도록 언어 주파수 영역의 소리를 최적의 상태로 선택해서 듣는 '소리 선별 장치'인 셈이다. 중이도 외이처럼 언어 소통에 최대한 유리하게 설계되었다는 사실을 알 수 있다.

앞에서는 중이 근육들이 외부에서 들어오는 공기의 진동에 대해 수동적으로 움직여서 인간의 구어 언어 생활에 도움을 주고 있다는 사실을 언급하였다. 그런데 망치근과 등자근이 수동적으로만 움직이는 것은 아니다. 발성 시 능동적으로 움직이기도 한다. 이런 능동적 움직임은 내이 달팽이관을 보호하는 역할을 할 뿐 아니라, 말하면서 다른 소리를 듣는 데 도움을 주기도 한다.

예를 들어 사람이 큰소리를 지르려고 할 때, 발성하기 직전에 예측되는 큰 소리의 압력을 줄이기 위해 망치근과 등자근이 능동적으로 움직여 자신의 달팽이관 유모세포가 소음에 손상되는 것을 막아준다. 이러한 두 근육의 능동적 움직임은 외부에서 들어오는 과도하게 큰 소리 에너지가 달팽이관에 갑자기 전달되어 달팽이관의 유모세포가 파괴되는 것을 막기도 한다.

※ 중이염과 중이 근육

중이염에 걸리면 중이 구조물들에 염증 반응이 일어나고 중이 공간 안에 물이 고이기도 한다. 회복되면 대개는 원래의 중이 상태로 돌아오지만, 반복적으로 중이염에 걸리는 사람들이 있다. 이들은 물이 고이는 염증 반응과 회복을 반복적으로 겪으면서 근육의 운동 능력이 약해지고 이소골이 연결되는 부위의 움직임도 나빠진다. 반복적인 중이염으로 근육 약화와 이소골의 경화가 일어나는 것이다.

이렇게 되면 앞에서도 설명한 바와 같이, 소리가 연속적으로 귀에 들어오고 있는 상황에서, 특정 시점에 들어온 소리를 아직 내이로 전달하지 못했는데 곧바로 다른 주파수의 소리가 이어 들어오게 되어, 뒤따라 들어온 소리 정보를 정확히 처리하여 전달할 수가 없다. 즉, 중이근육의 기능 부족과 이소골의 경화로 인해 시간에 따른 공기압의 변동인 소리 정보를 시간적 순서에 따라 정확하게 전달하지 못하는 것이다.

중이염은 영유아 시기에 흔히 걸리는 질환인데 영유아들 중에서도 유독 중이염을 자주 앓는 아이들이 있다. 0~7세는 언어 발달에 있어서 아주 중요한 시기인데, 이 시기에 말소리를 정확히 듣는 데 어려움이 있으면 언어 발달에 치명적인 문제를 초래할 수 있다. 또 언어 발달에 기초가 되는 능력인 소리의 미세한 차이를 정밀하게 구별해서 정확히 인지하는 청각인지 기능의 발달이 미숙하면 읽기 학습에 필수 조건인 음운 인식 능력도 덜 발달되어 읽기를 배우기가 어렵다. 읽기를 배우기가 어려울 뿐만 아니라, 어렵게 읽기를 터득해도 읽기 능력이 또래 수준에는 미치지 못해 학습장애로 이어질 수 있다.

이상의 내용을 정리하면, 중이염으로 염증 반응이 일어나서 중이에 액체가 고이고 이로 인해 발생한 중이 근육의 운동 부족이 근육을 무기력하게 만들어 소리 정보 처리가 부정확해진다. 이는 곧 언어 발달과 읽기 학습에 문제를 일으킨다. 이렇듯 소리 전달 과정에서 중이의 역할은 매우 중요하고, 특히 언어 발달이 왕성하게 이루어지는 유치원 시기까지는 더욱 중요하다. 가능하면 6세까지는 중이염에 걸리지 않도록 최대한 노력해야 한다.

※ 중이의 소리 압력 조절

외이에서 들어온 소리가 중이의 구조물들을 통과하는 동안 소리의 압력은 약 32dB 정도 증폭된다. 그 증폭되는 과정을 살펴보자.

첫 번째는 고막과 난원창의 면적 비율 때문에 생기는 압력 변환기 효과에 의한 증폭이다.

고막과 난원창의 면적비는 '55㎟: 3.2㎟'로 약 17:1이다. 즉, 고막의 면적에 비해 난원창의 면적은 17분의 1로 좁다. 따라서 소리 전달 과정 중 고막에 들어온 공기의 압력이 고막의 17분의 1만큼밖에 안 되는 작은 면적에 가해지므로, 고막에 가해진 압력이 달팽이관 속 림프액에 전달될 때는 약 25dB 정도 증폭되는 것이다.

두 번째는 이소골의 지렛대 효과로 생기는 지렛대 증폭 효과이다. 망치뼈와 모루뼈의 움직임은 지렛대의 움직임과 유사하다. 이러한 지렛대 효과로 1~1.25dB 정도의 압력이 이소골에서 증폭된다.

세 번째는 고막의 깔때기 효과이다. 고막은 깔때기 모양이고, 이 깔때기 모양의 효과로 소리의 압력은 약 6dB 증폭된다.

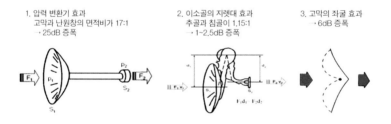

[그림 2] 고막의 압력 조절

이렇게 외이에서 들어온 소리 압력은 중이를 거치는 동안 약 32dB 증폭된다. 그렇지만 소리 에너지가 전달되는 중이의 구조물은 고체이고, 중이의 에너지를 전달받는 내이의 구조물은 액체이다. 이러한 매질의 차이는 소리의 압력이 약 30㏈ 정도 감쇄되는 효과를 초래하기 때문에 결국 내이에 들어오는 소리 압력은 외이의 소리 압력과 같아지게 된다.

내이

내이는 전정(Vestibule)과 와우(Cochlear)로 구성되며 중이에서 들어온 소리 압력을 전달받는다. 중이에서 들어오는 소리 압력이 내이 림프액에 전달될 때 매질 차이로 30㏈ 정도 감쇄되지만, 외이의 소리 압력이 중이 구조물에서 30㏈ 정도 증폭되었기 때문에 내이는 외이의 소리 압력을 가감 없이 그대로 받게 된다.

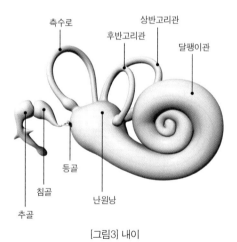

[그림3] 내이

내이 전정계는 임신 3개월에 다른 감각 기관보다 가장 먼저 만들어진다. 전정계는 타원낭(Utricle), 구형낭(Saccule), 3개의 반고리관(Semicircular Cannal), 이석(Otolith) 등으로 구성되며, 소리(특히 1,000㎐ 이하의 낮은 소리)와 몸의 움직임으로 자극받는다.

우리 몸이 움직일 때 다원낭은 수평 방향의 몸 움직임 정보를, 구형낭은 수직 방향의 몸 움직임 정보를 담당하여 몸이 어떤 방향으로 움직이든지 항상 평형 상태를 유지하도록 조절하는 데 관여한다.

3개의 반고리관은 머리가 움직일 때 발생되는 관 속 액체(Canal Fluid)의 움직임을 감지하여 비행기 내비게이션과 유사하게 몸의 위치와 몸이 움직이는 속도의 변화를 알아낸다. 이 정보를 이용하여 몸이 동적 평형 상태를 유지할 수 있게 조절한다.

이석은 1~5㎛ 크기의 아주 작은 탄산칼슘 성분의 입자들이 뭉친 덩어리로 중력을 감지하는 역할을 한다.

전정부에서 수집된 정보들은 연수를 거쳐 두정엽과 소뇌, 척수 등으로 보내진다. 두정엽과 소뇌로 들어온 전정 정보는 체성감각(Somatosensory)과 통합되어 몸의 움직임을 통제하는 데에 관여하고, 신체상(Body Image) 형성에도 관여한다.

척수로 보내진 전정 정보는 시각 정보와 운동 정보를 통합하여 몸의 자세와 균형을 조절하고 고유수용성감각에도 관여한다.

전정부의 기능에 문제가 생기면 생활 속에서 여러 가지 문제에 직면하게 된다. 전정기능의 문제는 중력에 대한 대응을 안정적으로 할 수 없게 만들고, 시공간에 대한 정보를 정확히 처리할 수 없도록 하기 때문에 자세를 유지하고 균형을 잡는 데 어려움을 겪게 만든다. 다시 말해 전정부의 기능이 좋아야 안정되고 올바른 자세를 유지할 수 있다.

ADHD나 난독증이 있는 아이들은 대개 전정 기능이 좋지 않다. 그래서 바르고 안정된 자세를 유지하지 못하고, 몸의 균형 잡기를 어려워하는 경우가 많다. ADHD 아이들은 굽은 자세로 뻐딱하게 앉거나 쉴 새 없이 몸을 움직이는 경우가 많고, 한쪽 다리로 잠시도 서 있지를 못해서 친구들과 닭싸움 놀이가 불가능한 경우도 있다. 또 균형을 잡기가 어려워 두발자전거 타기를 배우기도 어려울 수 있다. 이렇게 전정 기능이 나쁘면 친구들과 어울려 놀기 어려운 경우가 생겨서 사회성 발달에도 지장을 줄 수 있다.

또 전정 기능이 나쁘면 인체 기관 가운데 좌우 두 개가 있는 팔, 다리, 눈, 귀 등의 양측 협응력이 좋지 않아 운동이 서툴고 움직임이 정교하지 못하다. 그래서 전정 기능이 나쁜 사람은 대근육운동이 거칠고, 소근육운동이 세밀하지 못한 모습을 보인다.

두 눈의 협응이 좋지 않아 주로 한쪽 눈만으로 시각 정보를 받아들이는 사람은 양쪽 눈의 협응이 좋아 고르게 두 눈으로 시각 정보를 받아들이는 사람에 비해 질 좋은 시각 정보를 풍부하게 두 뇌로 입력할 수가 없다. 양안의 협응 능력이 좋은 사람과 좋지 않은 사람은 같은 미술 작품을 감상하더라도 각각 받는 느낌이 다르고 감동의 정도도 다를 것이다. 한쪽 눈만 주로 쓰는 사람은 책을 읽을 때도 주로 한쪽 눈만 사용해서 읽기 때문에 양쪽 눈을 쓰는 사람에 비해 쉽게 피로해질 수 있다.

귀의 협응에서도 비슷한 일이 벌어질 수 있다. 양쪽 귀의 협응이 나빠 한쪽 귀만 주로 사용하는 사람은 양쪽 귀의 협응이 좋은 사람과 비교할 때 청각 정보를 받아들이는 데 불리하므로 청각인지가 부정확하기 쉽다.

전정부의 기능에 문제가 있는 사람은 평형감각이나 자신의 몸에 대한 감각 같은 원초적 감각에 대한 신뢰를 내면에 갖추기 어렵다. 자기 자신에 대한 믿음이 부족하면 상황에 따라 어떻게 반응해야 할지를 몰라서 다른 사람들과 어울리기도 어려워진다. 따라서 전정 기능이 부족한 사람은 자기 몸을 적절히 사용하는 것도 서툴고, 자신에 대한 믿음을 가질 수 없게 되면서 자존감이 낮아진다.

와우부는 달팽이관이라고도 하며 소리를 분석한다. 전정부가 자신의 신체 이미지나 몸의 자세나 움직임 등과 관계된 비교적 낮은 주파수의 진폭이 큰 진동과 연관이 있다면, 와우부는 상대적으로 높은 주파수의 진폭이 작은 진동을 분석한다.

달팽이관 안에는 12,000개의 외유모세포(Outer Hair Cell)와 3,500개의 내유모세포(Inner Hair Cell)가 있고, 내유모세포는 액체의 파동에너지를 전기 신호로 바꾼다. 내유모세포에서 만들어진 전기 신호는 청신경으로 간다. 각각의 유모세포는 특정 주파수에 특화되어 있어서 어떤 특정 주파수에 대해서는 그 주파수를 담당하는 특정 유모세포만 반응하여 전기 신호를 만든다.

전체 유모세포의 80%는 고주파대 영역의 소리에 반응해서 전기 신호를 만든다. 이는 인간의 말소리를 구성하는 주파수 영역의 소리를 담당하는 유모세포가 많다는 것이다. 또 달팽이관은 필요 없는 소리는 걸러내고(Filter) 필요한 소리에는 동조하여(Tune) 구어 언어를 구성하는 소리들을 구별하는 데 최적화되어 있다.

달팽이관에서 소리의 높낮이를 구별해 반응하는 기능이 부족하면 유사한 소리를 구별하기 어렵다. 예를 들어 대화 시 상대방의 말소리 가운데 '밥'과 '팝'이란 음절이 있다면, 'ㅂ'과 'ㅍ'의 높낮이 차이를 인지하지 못해 이 두 소리를 구분하기가 어려울 수 있다.

이렇게 귀는 외이, 중이, 내이 모두 인간의 구어 언어를 구성하는 소리를 정확히 들을 수 있도록 설계되어 있다.

※ 공기전도와 골전도-녹음된 내 목소리가 이상하게 들리는 이유

달팽이관은 등자뼈에서 진동 에너지를 받아 생성된 달팽이관 림프액의 진동이나 두개골의 진동으로 생성된 달팽이관 림프액의 진동으로 전기 신호를 만들어 청각 신경으로 보낸다. 전자를 소리의 '공기전도'라 하고 후자를 소리의 '골전도'라고 한다. 즉 달팽이관으로 소리 압력의 에너지가 들어가는 경로는 공기전도와 골전도 두 가지가 있다.

다시 말해 소리 파동의 에너지가 달팽이관에 전달되는 경로는 공기의 진동이 고막을 진동시키면서 고막의 진동이 이소골의 진동을 일으켜 달팽이관의 림프액을 진동시키는 경로(공기전도)가 있고, 중이를 거치지 않고 직접 두개골에 진동을 일으켜 두개골 안에 매립되어 있는 달팽이관의 림프액에 진동을 일으키는 경로(골전도)가 있는 것이다.

대화할 때 상대방은 주로 공기전도를 통해 내 말을 듣는다. 그런데 나는 골전도를 통해 내 자신의 말을 듣는다. 그래서 녹음된 내 말소리를 녹음기의 스피커를 통해 지인들과 함께 들을 때, 다른 사람들은 평소 내 말소리를 공기전도로 들어왔고, 지금 녹음기의 스피커에서 나오는 내 목소리도 평소처럼 공기전도로 듣고 있으므로 내 목소리라는 것을 모두 알아듣는다. 반면 나는 평소에 내 목소리를 골전도로 들어왔는데, 지금 녹음기 스피커에서 나오는 내 목소리는 공기전도 소리로 듣고 있기 때문에 내 목소리가 아닌 것처럼 들리면서 굉장히 어색한 느낌이 드는 것이다.

평소 내가 말하면서 내 목소리를 들을 때는 주로 내 경추와 두개골 뼈에서 내 목소리가 공명 되어 들리는 골전도 소리를 통해 듣는다. 내가 말을 하면서 내 말소리를 들을 때 소리를 듣는 주된 경로는 골전도인 것이다. 골전도는 공기전도보다 전도 속도가 빠르기 때문에 내가 하고 있는 말은 내가 상대방보다 약간 먼저 듣게 되는데, 이는 말을 조리 있게 하는 데 도움이 된다.

※ 공기전도와 골전도-적절한 골전도가 청각인지의 정확성을 높인다.

대다수의 사람이 소리를 듣는 주된 경로는 공기전도이고, 골전도는 미미한 역할을 한다. 그런데 소리가 골전도로 강하게 입력되는 사람이 있다. 외부의 소리가 골전도를 통해 과도하게 전달될 때, 다시 말해 골전도가 적절한 정도를 넘어 너무 강하게 들릴 때는 청각 정보를 정확히 인지하는 데 많은 문제가 발생할 수 있다.

골전도가 과도하게 민감한 사람은 자신의 몸 내부에서 나오는 소리나 자신의 몸이 움직일 때 나는 소리가 골전도로 아주 크게 인지된다. 이런 사람은 자신의 신체 소음 때문에 외부에서 입력되는 소리 정보를 정확히 인지하기가 어려울 수 있다. 신체 내부의 소리가 소음으로 작용하여 외부에서 들어오는 소리의 인지를 방해하는 것이다. 이렇게 되면 대화하는 상대방의 말을 정확히 인지하기도 어렵고, 외부에서 들리는 여러 가지 소리를 정확히 인지하기도 어려워진다. 이런 문제는 그를 사회적 기술이 부족한 사람으로 만들고, 외부에서 들리는 소리에 적절한 반응을 하기 어렵게 만든다. 따라서 반응할 필요가 없는 어떤 상황에 대해 과도하게 반응하여 과장되거나 과격한 행동을 하기도 하고, 정작 반응해야 할 상황에서는 아무 반응도 하지 않을 수 있다.

※ 공기전도와 골전도-과도한 골전도에서는 중이의 필터링 기능이 작동되지 않아 말소리 듣기가 부정확하다.

골전도는 소리가 내이로 전달되는 과정에서 공기전도처럼 외이와 중이를 거치지 않기 때문에 골전도로 들어오는 소리 정보에는 외이와 중이의 필터링 기능이 작동될 수 없다. 청각 정보 입력 과정에서 외이와 중이의 필터링 기능이 작동될 수 없다는 것은 불필요한 소리 정보를 제거하지 못해 필요한 소리 정보와 필요 없는 소리 정보가 섞여서 내이로 전달된다는 것을 의미한다. 따라서 골전도가 지나치면 필터링되지 않은 골전도 소리에 압도되어 입력되는 소리 정보의 정확한 전달이 어려워진다. 또 구어 언어의 소리를 증폭시키는 중이의 기능이 작용할 수 없어 말소리가 증폭되지 않아 구어 언어 정보를 정확히 전달하기도 어려워진다.

※ 골전도-태아기의 주된 청취이다.

태아기에 오감 중 가장 먼저 형성되는 감각은 청각이다. 임신 3개월에 전정 기능이 먼저 만들어지고, 임신 5개월에는 와우 기능이 만들어진다. 이렇게 청각 기관이 만들어진 후에는 자궁 안에서 태아가 소리를 들을 수 있게 되는데, 태아는 양수 속에 들어있는 상태이므로 공기전도 소리를 듣는 것은 불가능하고 골전도로만 소리를 듣는다. 따라서 골전도는 태아기의 지배적인 청취 수단이 된다. 골전도는 10~100,000㎐까지 감지될 수 있으며(인지는 20~20,000㎐), 자궁 밖의 세계와 최초로 접촉하는 감각 수단으로 엄마의 생체음(심박동, 장운동 등)이나 엄마의 목소리 등을 주로 듣는다.

태아기 때 듣는 소리 자극은 태아기 신경계 발달에 중요한 역할을 하는 것으로 보인다. 청각인지에 관한 많은 연구 업적을 남긴 프랑스의 이비인후과 의사 토마티스는 공인된 연구는 아니지만 동물 실험에서 임신한 양에게 소리 자극을 차단했더니 태어난 양의 신경계 기형이 발생하는 경우가 많았다는 결과를 보고한 적이 있다.

※ 골전도-효과적으로 전정계를 자극한다.

또 골전도는 전정계를 자극하는 데 있어서 공기전도보다 안전하고 효과적이다. 소리가 골전도로 두개골 뼈를 통해 내이에 전달되면, 내이를 구성하는 전정과 와우에 들어 있는 림프액에 비슷한 정도의 진동을 만들 수 있다. 공기전도로 소리를 들려주어 전정계를 자극하려면 소리의 크기가 아주 커야 하기 때문에 달팽이관의 유모세포(Cochlear Hair Cell)를 손상시킬 수 있다. 결국 전정계를 효과적으로 자극하기 위해서는 골전도로 소리를 들려주어야 한다.

※ 골전도-적절한 골전도는 달팽이관 유모세포를 보호한다.

소리의 골전도가 과도하게 민감할 때는 여러 가지 문제가 생길 수 있다. 그렇지만 적절한 골전도는 내이 유모세포를 보호하고 조리 있게 말하는 데 도움이 되는 순기능을 한다. 골전도는 공기전도보다 빠르고, 고막이 붙어 있는 두개골 뼈는 주위의 다른 부위보다 골밀도가 상당히 높아서 고막의 진동을 일으킨 소리 파동은 고막이 붙어 있는 뼈에도 골전도 진동을 만들어, 고막의 진동이 만든 골전도 소리가 고막에 붙어 있는 이소골을 통해 전달된 공기전도 소리보다 달팽이관에 먼저 도달한다. 외부에서 들어오는 소리가 골전도로 중이를 거치지 않고 달팽이관에 먼저 도달하는 것이다. 공기전도보다 달팽이관에 먼저 도달한 골전도 소리 파동은 와우 속에 엑체 압력을 형성하여 중이의 이소골을 밀어내는 효과를 만들어 뒤이어 들어오는 공기전도 소리 파동으로 인해 밀려들어 온 고막을 이완시키는 작용을 한다. 이는 소리의 골전도가 외부에서 들어오는 큰 소리로부터 고막을 보호하는 역할을 할 뿐 아니라 동시에 달팽이관의 유모세포를 보호하는 역할을 한다는 것이다.

두 개의
청각 신경 경로

달팽이관과 와우에서 만들어진 전기 신호가 청각 신경계로 들어가 대뇌에서 입력된 소리 정보에 대한 인지가 이루어진다. 청각 신경 경로는 상당히 복잡한데 주된 청각 신경 경로인 전통적 청각 신경 경로 외에도 여러 가지 다른 청각 신경 경로들이 있다.

전통적 청각 신경 경로와 비전통적 청각 신경 경로에 대해 알아보자.

전통적 청각 신경 경로

전통적 청각 신경 경로는 8번 뇌신경인 전정와우신경으로 들어온 청각 정보의 전기 신호가 대뇌의 1차 청각 피질로 전달되는 경로이고, 청각 정보가 전달되는 주된 신경 경로이다. 오른쪽 전정와우신경으로 들어간 전기 신호는 뇌줄기(Brainstem)의 오른쪽 와우핵으로 전달된다. 오른쪽 와우핵은 복측핵(Ventral Neucleus)과 배측핵(Dorsal Nucleus)이 있으며, 오른쪽 복측핵은 오른쪽 상올리브핵(Superior Olivary Complex)과 연결되는 동시에 오른쪽 배측핵은 반대쪽인 왼쪽 상올리브핵과도 연결된다. 이 연결 구조는 오른쪽 귀로 들어온 소리가 상올리브핵 레벨 전에 오른쪽 대뇌피질로 전달되는 동시에 왼쪽 대뇌피질로도 전달되게 한다. 여기에 더불어 좌우 상올리브핵도 서로 연결되어 있다. 따라서 한 쪽 귀로 들어온 소리 정보는 상올리브핵 레벨에서 좌뇌와 우뇌 양쪽으로 전달된다.

왼쪽 전정와우신경으로 들어온 전기 신호도 오른쪽 전정와우신경으로 들어온 전기 신호와 대칭의 형태로 상올리브핵 레벨에서 좌뇌와 우뇌 양쪽으로 연결된다.

청신경은 상올리브핵에서 외측모대(Lateral Lemniscus)를 거쳐 하구(Inferior Colliculus)로 연결되고, 하구는 시상의 내측슬상핵(Medial Geniculate Body of Thalamus)과 연결된 후 일차청각피질(Primary Auditory Cortex)에 도달한다.

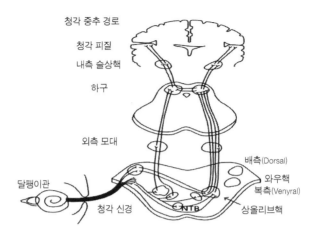

청각 중추 경로

청각 피질

내측 슬상핵

하구

외측 모대

달팽이관

청각 신경

배측(Dorsal)

와우핵
복측(Venyral)

NTB

상올리브핵

[그림 4] 전통적 청각 경로

비전통적 청각 신경 경로

비전통적 청각 신경 경로는 청각 정보가 전달되는 주된 신경 경로인 전통적 청각 신경 경로에 놓여 있는 해부학적 구조물들을 지나가는 과정 중에서 샛길로 빠져나온 곁가지 같은 청각 경로이다. 이렇게 전통적 청각 신경 경로에서 빠져나온 곁가지 경로는 소뇌, 변연계, 운동계 등과 연결된다.

전정와우신경으로 들어온 청각 정보가 와우핵에서 상올리브핵으로 연결되는 주경로 외에 와우핵에서 소뇌로 연결된 곁가지 경로가 있어서 와우핵에 도달한 청각 정보의 일부는 소뇌로 직접 전달된다.

한편 청신경으로 들어온 청각 정보가 뇌줄기의 상올리브핵에서 외측모대를 거쳐 하구로 가는 과정에서 외측모대의 청신경 섬유 일부는 망양체(Reticular Formation)와 연결되어 있고, 망양체는 변연계와 운동계에 직접 연결되어 있다. 그래서 청각 정보의 대부분은 외측모대에서 시상을 거쳐 대뇌 청각 피질로 전달되지만, 외측모대를 지나가는 청각 정보의 일부는 시상을 거치지 않고 변연계와 운동계로 직접 전달된다.

이러한 해부학적 구조상 소리가 대뇌 청각 피질에 도달하기 전에 변연계와 운동계를 자극할 수 있다. 이는 소리를 듣고 고차원적인 사고를 동원해서 생각하지 않은 상태에서도 (거의 무의식 상태에서) 정서적 변화나 몸의 움직임이 일어날 수 있다는 뜻이다.

우리는 갑자기 큰 소리를 듣거나 무서운 소리를 들었을 때 공포를 느끼면서 무의식적으로 몸을 움츠리거나 도망칠 수 있다. 또는 선율이 아름다운 음악을 듣거나 예쁜 목소리를 들으면 의식적인 생각을 하지 않아도 기분이 좋아지고, 마음이 따뜻해지며, 감동을 느끼기도 한다. 몸이 이렇게 공포스러운 소리나 아름다운 소리에 즉각적으로 반응하는 것은 비전통적 청각 경로 덕분이다.

이상의 내용을 정리하면 비전통적 청각 경로는 일차청각피질로 연결되지 않고 소뇌, 변연계, 운동계 등으로 직접 연결되는 회로이고, 이 회로를 통해 우리는 청각 정보를 풍부하게 인지하고 느끼면서 살 수 있는 것이다.

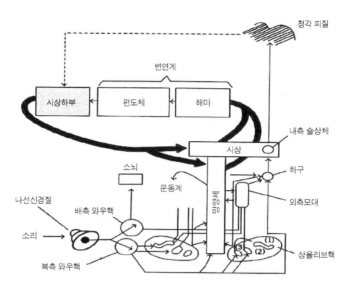

청각 피질

변연계

시상하부 · 편도체 · 해마

내측 슬상체

시상

소뇌

하구

운동계

외측모대

나선신경절

배측 와우핵

소리

복측 와우핵

상올리브핵

[그림 5] 비전통적 청각 경로

　신경계에는 여러 신경 회로(Neural Networks)가 있고, 청각 신경 회로 활성화의 정도는 사람마다 다르다. 개개인에 따라 어떤 특정 신경 회로가 많이 활성화되어 있는 사람도 있고, 활성화되어 있지 않은 사람도 있다.

　비전통적 청각 경로 가운데 변연계로 연결된 회로가 과도하게 활성화된 사람은 사소한 청각 자극에도 아주 심한 공포를 느끼는 경우가 있다. 정상인도 큰 소리를 들었을 때는 심하게 놀라는 경우가 있지만, 특히 자폐스펙트럼장애 아동은 비전통적 청각 경로 중 변연계로 연결된 회로가 과하게 활성화되어 있는 경우가 많아서 흔히 들을 수 있는 청소기나 세탁기 소리 같은 생활 소음에도 심한 불쾌감이나 과도한 공포를 느낄 수 있다. 이런 경우 훈련을 통해 전통적 청각 경로를 활성화시키고, 비전통적 청각 경로를 억제시키면 소음에 대한 공포 반응을 줄일 수 있다.

여기까지 소리가 전달되는 경로인 귀에서부터 뇌까시를 알아보았다. 이제부터는 뇌로 전달된 청각 정보가 무엇인지를 구체적으로 구별해서 알게 되는 '청각인지'에 대해 알아보자.

전달된 소리의 정체를 파악하라, 청각인지

청각인지를 이야기하기 전에 먼저 감각(Sensory)과 인지(Perception)가 무엇인지에 대해 생각해 보자. 환경 속의 어떤 자극이 감각 기관을 통해 신경계로 들어오면, 신경계는 감각 자극이 들어왔다는 사실을 감지하고, 감지된 정보를 분석해서 그 감각 자극의 정체가 구체적으로 무엇인지를 파악하게 된다. 이렇게 자극이 감각 기관으로 들어왔다는 것을 알아차리는 것이 '감각'이고, 이 자극이 무엇인지를 구체적으로 구별해서 아는 것이 '인지'이다. 다시 말해 감각 기관을 통해 들어오는 환경 속의 자극들은 신경계에서 감각(Sensation)되고, 그 자극의 정체를 구체적으로 구별해서 무엇인지를 인지하는 것이다.

그런데 신경계에서는 외부 자극이 감각되었다고 해서 반드시 인지되는 것도 아니고 감각되지 않았다고 반드시 인지가 일어나지 않는 것도 아니다. 예를 들어 혈액 속의 이산화탄소 농도는 신경계에서 감각되어 호흡 속도를 빠르게 조절하여 혈중 이산화탄소 농도를 낮추지만 의식은 이 사실을 인지하지 못한다. 이와 반대의 경우인 환상사지(Phantom Limb)는 팔이나 다리를 잃었기 때문에 감각되는 자극이 있을 수가 없는데, 존재하지도 않는 자극을 인지하는 것이다.

감각 기관으로 들어온 자극 (O) ⇒ 감각 (O) ⇒ 인지 (O): 대개의 감각과 인지

입력 자극 (O) ⇒ 감각 (O) ⇒ 인지 (X): 혈중 이산화탄소 농도의 감지 ($PaCO_2$)

입력 자극 (X) ⇒ 감각 (X) ⇒ 인지 (O): 환상사지처럼 없는 자극의 인지

그렇다면 소리 자극의 구체적 정체를 아는 과정인 청각인지 과정에 대해 알아보자.

예를 들어 엄마가 아이에게 "밥 먹어"라고 말했고, 아이는 엄마가 한 말을 들었다고 하자. 이때 아이는 엄마의 말소리를 '감지만' 했을 수도 있고, 엄마가 한 말의 내용이 무엇인지를 아는 '인지를' 했을 수도 있다. 감지만 하고 인지를 못했다면 '무슨 소리가 들리긴 했는데 뭐라는 거지?'라고 생각할 것이다.

인지가 되었다고 하더라도 인지의 정도에는 개개인에 따라 차이가 있다. '엄마 목소리다', '엄마가 뭔가 하라고 했다', '손 씻으란다', '밥을 먹으란다' 등으로 인지의 정확도가 아이들 마다 차이가 날 수

있다. "밥 먹어"라는 엄마의 말을 아이가 아예 못 알아듣거나 혹은 아주 다른 의미로 잘못 알아들을 수도 있다는 것이다.

상대방이 하는 말의 의도를 정확히 알기 위해서는 먼저 구어 단어 속의 음절을 소리로 구별할 수 있어야 하고, 더 정확하게는 음절을 구성하는 음소들이 가지고 있는 소릿값의 차이를 구별할 수 있어야 한다. 구어 단어의 정확한 소릿값을 인지한 다음에는 그 단어의 의미가 무엇인지를 이해해야 하는데, 이때는 '일반 인지(General Cognition)'라는 과정을 거쳐야 한다.

'의자'라는 단어 하나를 배우려면 의자라는 물건의 속성을 이해해야 한다. 그래야 거실의 소파도, 학교 교실의 의자도, 버스 정류장에 있는 벤치도 '의자'의 범주에 들어간다는 것을 이해할 수 있게 된다. 또한 단어의 의미를 알고 있어도 단어들의 연결로 이루어진 말의 맥락까지 이해해야만 비로소 상대방이 하는 말의 의도를 제대로 이해할 수 있게 된다.

그런데 구어 단어의 소리를 정확히 구별할 정도의 청각인지 능력이 발달하지 못한 사람은 말을 듣고 이해할 수 있는 언어 발달이 나이에 맞게 이루어지기가 어렵다. 언어 발달은 듣기가 먼저이고 말하기는 다음이다. 말을 하기 위해서는 먼저, 듣기를 통해 단어를 습득하여 두뇌 안에 저장하고 있다가, 저장된 구어 단어의 소릿값들을 머릿속에 떠올려서 발성 기관을 이용하여 말소리를 만들어야 한다. 구어 단어의 소릿값을 정확히 인지하지 못하면 구어 단어의 소릿값을 두뇌 안에 정확하고 또렷하게 저장할 수가 없다. 이렇게 정확한 소릿값이 저장되어 있지 않은 상태에서는 무슨 소리를 만들어 내야 할지 알 수가 없다. 무슨 소리를 만들어야 할지 모르는 상태에서는 언어 능력이 발달할 수 없게 된다.

청각인지 기능이 적절히 발달해야 구어 언어를 구성하는 단어를 청각적으로 구별할 수 있고, 구어 언어를 청각적으로 구별할 수 있어야 말소리 듣기가 가능해지고 말하기가 가능해진다. 또한 듣고 말하기가 가능해져야 생활 속에서 언어능력이 점점 더 향상될 수 있다. 이러한 일련의 과정들을 거쳐서 언어 능력이 더욱더 고차원적인 단계까지 발전할 수 있는 것이다.

의사소통을 하려면 당연히 듣고 있는 말 속에 있는 단어들의 의미를 알아야 한다. 그런데 청각적으로 음절과 음소들을 구별하는 것은 엄마 목소리와 개 짖는 소리, 문 닫는 소리 등을 듣고 구별하는 것보다 훨씬 더 어렵다. 말소리의 음절과 음소를 정확히 구별하기 위해서는 음소마다 가지고 있는 소리의 특징을 세밀하게 구별할 수 있는 청각인지 능력이 필요하기 때문이다. 청각인지가 부정확해서 엄마가 "밥 먹어"라고 했는데 아이가 '엄마 목소리네' 정도의 인지만 했다면 그 아이는 엄마의 지시를 제대로 따를 수 없다. 음절의 소릿값을 정확히 인지해야 상대방의 말을 알아들을 수 있는데, '엄마 목소리네' 정도만 인지했다면 아이는 엄마가 한 말의 구체적 내용을 이해하지 못해서 엄마의 지시를 따를 수가 없는 것이다.

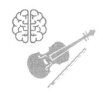

뇌는
어떻게 소리를 구별하는가

뇌가 소리를 듣고 그 소리가 무엇인지를 알기 위해서는 소리의 여러 가지 물리적 특성들을 구별해서 인지해야 한다. 특히 언어를 구성하는 소리들은 아주 미세한 특성의 차이를 토대로 구별되기 때문에, 이러한 차이를 구별해서 인지하지 못하면 언어나 읽기 발달에 치명적인 문제가 생길 수 있다.

정확히 인지되기 위해 필요한 소리의 특성으로는 소리의 높낮이와 소리 속에 들어 있는 시간적 요소가 있다. 소리를 정확히 구별하는 데 필요한 소리의 특성들에 대해 알아보자.

1. 소리의 높낮이

소리의 높낮이는 주파수로 표시된다. 높은 소리인지 낮은 소리

인지를 구분한다는 것은 소리의 주파수를 안다는 의미이다. 주파수는 주기 현상에 있어서 단위 시간 사이에 동일한 상태가 반복되는 횟수를 말하며, 소리의 주파수는 진동수의 단위로 1초 동안 반복되는 사인파형(Sine Wave)의 횟수를 말한다. 사람이 들을 수 있는 주파수 범위는 20~20,000Hz로 20Hz 이하의 낮은음(초저주파; Infrasonic)이나 20,000Hz 이상의 높은음(초음파; Ultrasonic)은 들을 수가 없다.

소리의 높낮이를 구분하지 못하는 사람들, 흔히 우리가 음치라고 일컫는 사람들은 노래를 잘 부를 수 없을 뿐 아니라, 언어 발달이나 읽기 발달에도 어려움을 겪을 가능성이 높다. 말소리의 최소 단위는 음소이다. 음소가 조합되어 음절이 되고, 음절이 조합되어 구어 단어가 되는 것이다. 말소리의 최소 단위인 음소는 각각 다른 주파수를 가지고 있다. 소리의 높낮이를 구분하지 못하는 사람은 음소의 정확한 높낮이를 인지하기 어렵기 때문에 말소리를 정확히 듣는 데에도 어려움이 있다. 이들은 상대방의 말을 잘 못 알아듣거나, 어설프게 대충 알아들을 가능성이 많다.

음치는 읽기를 배울 때도 어려움을 겪게 된다. 음치는 음소들의 정확한 상대적 높이를 모른다. 글자를 읽을 때 파닉스 능력을 동원하여 문자소들을 조립한 후 음절을 만드는 과정에서 'ㅂ'과 'ㅍ'처럼 소리 성질은 비슷한데 음높이가 다른 문자소들을 보면서, 이 두 소리의 차이를 쉽게 구별할 수가 없다. 그래서 이런 문자를 보면서 어떤 소리로 읽을지를 망설이면서 많은 시간을 들여 고민하게 된다. 한참을 고민한 후에는 문자소에 대응되는 소리를 간신히 떠올려서 겨우겨우 읽거나, 어림잡아 읽다가 틀리기도 한다. 혹은 아무리 생각해도 문자소에 대응하는 정확한 소리를 생각해내지 못해서 아예 못 읽기도 한다.

음절을 구성하고 있는 음소를 소리로 구분하는 데 어려움이 있으면, 읽기를 배우는 데 필수적인 능력인 음운 인식 능력이 부족해지기 때문에 난독증이 되기 쉬운 것이다.

일반 인구에서 음치의 비율은 대략 4~17% 정도로 보고되고 있다. 사이키 루이 박사(하버드, 이스라엘 디코니스 연구원)는 음의 높이에 대한 정보를 처리할 때 두뇌 어느 부위가 활성화되는지를 조사하였고, 음치는 뇌의 인지 영역과 운동 영역을 연결하는 신경 섬유가 단절되어 있다는 연구결과를 『신경과학저널』에 보고하였다. 이는 음의 높이를 인지하는 과정에 청각인지를 처리하는 감각영역과 전두엽이 관여한다는 사실을 나타내는 것이다.

또 일반 성인의 약 5%가 음치인데 반해, 난독증 성인은 무려 80%가 실음악증(Amusia)이고, 실음악증 성인의 30%가 난독증이라는 연구가 있다.

'Comorbidity and cognitive overlap between developmental dyslexia and congenital amusia.' - Cognitive Neuropsychology [Cogn Neuropsychol] 2019 Feb 20, pp. 1-17. Date of Electronic Publication: 2019 Feb 20.

2. 소리의 시간적 특성

소리는 시간에 따른 공기압의 파동으로 시간에 따른 사건(Event)이다. 소리를 시간적 특성에 따라 구별하는 데 필요한 요소는 두 소리 사이의 시간 간격, 소리끼리의 순서, 소리가 지속되는 시간 길이 등이 있다.

2-1. 두 소리 사이의 시간 간격

두 개의 소리가 연속으로 귀에 들어왔을 때, 두 소리 사이의 간격이 1초 이상이라면 귀로 입력된 소리가 두 개라는 것을 인지하기가 쉬울 것이다. 그런데 두 개의 소리가 입력되는 시간 간격을 0.9초, 0.8초, 0.7초, 0.6초… 식으로 점차 줄이면, 그 두 개의 소리 사이에 시간적 간격이 있다는 사실을 인지하기는 점점 더 어려워진다.

두 개의 소리 사이에 존재하는 시간적 간격을 정밀하게 인지할 수 있는 능력은 사람마다 다르다. 어떤 사람은 1,000분의 100초 이상의 시간적 간격은 인지하지만 1,000분의 10초 정도의 시간 간격은 인지하지 못할 수도 있고, 또 다른 사람은 1,000분의 10초의 시간 간격을 인지하는 데는 전혀 어려움이 없는데, 두 소리 사이의 시간적 간격이 1,000분의 1초가 되면 인지하지 못할 수도 있다.

그런데 두 소리 사이의 시간적 간격을 정밀하게 인지할 수 있는 능력은 문자 학습과 아주 밀접한 관계가 있다.

문자 학습에 전제가 되는 가장 기본적인 능력은 음운인식 능력이고, 음운인식 능력은 곧 구어 언어의 음절을 음소 단위로 쪼갤 수 있는 능력이다. 예를 들어 '박'이라는 음절을 귀로 들었을 때 이것을 청각 정보로 'ㅂ'과 'ㅏ', 그리고 'ㄱ'으로 쪼개는 능력인 것이다. 우리가 쓰는 문자소들은 음절을 쪼갠 음소들을 시각적 표식(암호)으로 만든 것이기에, 음절을 음소로 쪼개지 못하면 음소와 문자소를 대응시키지 못해 읽기와 쓰기를 제대로 할 수가 없다.

예를 들어 1,000분의 10초 이하의 시간 간격을 인지하지 못하는 사람이 있다고 하자. 그 사람에게 두 개의 소리를 1,000분의 11초 이상의 시간 간격으로 들려주고 지금 들려준 소리가 몇 개냐고 물어본다면, 두 개라고 대답할 것이다. 그런데 1,000분의 9초나 그 이하의 시간 간격으로 두 개의 소리를 들려주고 다시 물으면, 그에게는 두 개의 소리 사이에 시간 간격이 없다고 인지되기 때문에 하나의 소리라고 대답할 것이다.

우리말에서 '박'이라는 음절을, 음절 지속 시간 350㎳(millisecond) 정도의 느린 속도로 말하면 'ㅂ'과 'ㅏ' 사이, 그리고 'ㅏ'와 'ㄱ' 사이에는 1,000분의 8초 정도의 시간적 간격이 있다. 그런데 1,000분의 10초 이하의 시간 간격을 인지하지 못하는 사람은 '박'이라는 음절에서 'ㅂ'과 'ㅏ' 사이와 'ㅏ'와 'ㄱ' 사이에 존재하는 1,000분의 8초라는 시간 간격을 인지할 수 없기 때문에 'ㅂ'과 'ㅏ'와 'ㄱ'을 청각적으로 분리할 수가 없다. '박'이라는 음절을 구성하는 음소들을 파악할 수가 없는 것이다. 그러면 이 사람은 읽기를 배울 수가 없다.

1,000분의 10초 이하의 시간 간격을 인지하지 못하는 사람에게 '가'라는 글자를 가르칠 때, 아무리 'ㄱ'에 'ㅏ'가 붙으면 '가'라고 반복해서 알려주어도 그 사람에게 '가'는 그냥 한 개의 소리로 인지되기 때문에 통글자로만 인식할 뿐 '가' 속에 'ㄱ'과 'ㅏ'가 있다는 사실을 깨닫지 못한다. 글자 하나를 초성, 중성, 종성의 구성 요소별로 쪼갤 수 있는 능력이 없기 때문에 글자 하나를 배우기도 어려울 수밖에 없다.

2-2. 소리의 순서

앞에서도 언급했듯이 구어 언어는 음소들의 조합으로 음절이 되고, 음절들의 조합으로 단어가 되며, 단어들이 모여 구절이 된다. 이때 같은 음소들의 조합으로 만들어진 음절이라 하더라도 구성음들의 순서를 바꾸면 음절의 소릿값은 달라진다.

예를 들어 'ㅂ', 'ㅏ', 'ㄱ'을 가지고 음절을 만들 때 모음 앞에 'ㅂ'을 먼저 쓰고 'ㄱ'을 나중에 쓰면 '박'이 되지만, 모음 앞에 'ㄱ'을 먼저 쓰고 'ㅂ'을 모음 뒤에 쓰면 '갑'이 된다.

음소들의 나열 순서를 빨리 인지할수록 글자를 보고 말소리로 변환하는 과정이 빨라지고, 결국 글을 읽는 속도가 빨라질 수 있다.

2-3. 소리의 길이

음절을 구성하는 음소마다 소리가 지속되는 시간의 길이가 다르다. 바는 'ㅂ'이 나오고 'ㅏ'가 나올 때 'ㅂ'에서 'ㅏ'로 이행하면서 지속되는 시간이 40ms, '마'는 'ㅁ'이 나오고 'ㅏ'가 나올 때까지 'ㅁ'에서 'ㅏ'로 이행하면서 지속되는 시간이 100ms 정도 된다. 그런데 말소리에서 음소의 지속시간 차이를 인지하는 데 어려움이 있으면, (소리가 시간에 따른 사건이므로) 연속적으로 이어지는 말소리의 시간적 길이 정보를 처리하기 어렵다. 그렇게 되면 상대방이 하는 말의 뉘앙스(느낌)를 정확히 알기 어려워진다.

같은 음절의 소리라도 말소리를 구성하는 성분의 시간적 길이에 따라 느낌뿐 아니라 의미까지 달라지는 경우도 있다. 대표적으로 동음이의어일 때 장모음이냐 단모음이냐에 따라 의미가 달라지는 것이 그렇다.

예를 들어 누가 "잘 한다."라고 말했을 때 '잘'이라는 음절의 길이를 길게 해서 "잘~한다."라고 했을 때와 '잘'이라는 음절의 길이를 짧게 해서 "잘한다."라고 했을 때의 의미는 완전히 다르다. 또 동물 '말'과 인간의 언어 '말'은 같은 음절이지만 길이에 따라 의미가 다르다. 그런데 '잘한다.'와 '잘~한다.'처럼 소리의 시간적 길이 차이가 큰 경우는 쉽게 의미 차이를 간파할 수 있겠지만, 동물 '말'과 언어 '말'의 경우처럼 소리의 길이 차이가 크지 않으면 소리의 길이 차이를 아주 미세하게 인지하지 못하는 사람은 의미를 잘못 이해할 수도 있다.

또 다른 예로 다음 문장을 '사'라는 음절의 길이를 각각 달리하여 읽어 보자.

'집은 **사**는 것이 아니고 **사**는 곳이다.'라는 문장을 읽을 때 앞의 '사'를 짧게 읽고, 뒤의 '사'를 길게 읽으면 집은 투기 대상이 아니고 주거를 위한 공간이라는 정확한 의미로 해석된다. 그런데 앞의 '사'를 길게 읽고, 뒤의 '사'를 짧게 읽으면 얼핏 듣기에 집은 투기의 대상이거나 사야 할 물건이라는 의미로 잘못 전달될 수 있다.

소리의 길이를 섬세하게 인지하는 사람은 말의 의미나 느낌을 정확하게 이해할 수 있지만, 그렇지 못한 사람은 상대방의 말을 듣고 의미를 다르게 받아들여 엉뚱하고 상황에 맞지 않는 대답이나 반응을 할 수 있다. 결국 소리의 길이 차이를 섬세하게 인지하지 못하는 사람은 눈치 없고 사회적 기술이 부족한 사람이 되기 쉬운 것이다.

3. 소리의 색(음색)

　소리의 높낮이나 볼륨이 같더라도 음파의 형태가 다르거나 공명 되는 정도가 다르면 뇌는 그 두 소리를 서로 다른 소리로 인지한 다. 이를테면 같은 높이와 같은 크기의 '도' 음을 피아노로 들려주 었을 때와 클라리넷으로 들려주었을 때, 두 소리가 다르다는 것을 알 수 있다. 이는 두 악기에서 나오는 소리의 파형과 공명음의 차 이를 뇌가 인지하기 때문에 가능하다.

　우리가 똑같은 곡을 여러 가수의 노래로 들으면서 어느 가수의 노래가 더 좋다든지, 어느 가수가 노래를 더 잘한다든지 하는 등 의 평가를 하는 것은 가수마다 발성 기관에서 만들어지는 소리의 파형이 어떤지, 발성할 때 생기는 공명의 정도가 얼마나 더 풍부한 지와 연관 있다.

가장 특별한 소리,
인간의 말소리

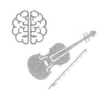

앞에서 말소리의 정확한 인지가 이루어지려면 소리의 미세한 차이를 구별하는 청각인지 능력이 좋아야 한다고 하였다. 이제는 여러 소리 가운데 인간의 말소리를 청각적인 특징으로 구별해 인지하는 정도를 넘어, 상대방의 생각과 의도를 이해하고 자신의 생각과 느낌, 의도 등을 상대방에게 말로 표현하는 두뇌의 언어 담당 신경계에 대해 알아보자.

인간의 두뇌 안에는 인간 목소리(언어, 비언어 모두)에 반응하는 영역이 세 곳 있고(Berlin et al., 2000), 좌반구 측두엽에 위치한 '무엇' 경로가 이해 가능한 말소리에 강하게 반응한다고 알려져 있다(Scott et al., 2000). 이는 인간의 목소리 정보만을 처리하는 영역과 말의 의미를 분석하는 영역이 각각 따로 존재한다는 의미이다. 인간이 살아가기 위해서는 다른 사람과의 의사소통이 필수적이기 때문에 두뇌 안에 인간의 말소리 정보를 처리하는 영역이 특별히 더 발달한 것이 아닐까 추측된다.

또, 인간의 목소리 정보를 처리하는 영역 안에서도, 말소리를 듣고 말하는 사람이 '누구인지를' 알려고 할 때와, 말의 내용이 '무엇인지를' 알려고 할 때 반응하는 뇌의 영역이 각각 다르다(Von Kriegstein et al., 2005). 전자는 수용언어영역, 후자는 표현언어영역과 회로로 연결되어 있다.

대부분의 사람은 두뇌에서 언어정보를 처리하는 영역이 좌뇌 반구에 존재한다. 좌뇌에 있는 언어 영역은 듣기에 관여하는 수용언어영역(Wernicke 영역)과 말하기에 관여하는 표현언어영역(Broca 영역)이 있고, 두 영역을 연결하는 신경 섬유 뭉치인 궁상회로(Arcuate Fasciculus)라는 신경회로가 있다.

수용언어영역과 표현언어영역을 연결하는 궁상회로는 크게 복측회로와 배측회로로 나눌 수 있다. 복측회로는 청각영역에서 측두엽을 거쳐 브로카 영역을 연결하는 회로이다. 청각영역에 말소리가 입력되면 측두엽의 여기저기에 흩어져서 저장되어 있는 언어정보와 지식을 이용하여 의미 있는 말을 생각해내어, 브로카 영역에서 하고 싶은 말을 할 수 있게 계획을 세우도록 만들어 준다. 이 회로를 '무엇(What)' 경로라고도 한다.

배측회로는 청각영역에서 두정엽을 거쳐 브로카 영역을 연결하는 회로이다. 청각영역에 들어온 말소리 정보가 몸짓(제스처)을 이해하는 상측두회(Superior Temporal Gyrus) 뒤쪽으로 전달되고, 이 정보는 각회(Angular Gyrus) 영역을 거쳐 브로카 영역으로 넘어가, 브로카 영역에서 말을 어떻게 할지에 대한 계획을 세운다. 이 회로를 '어떻게(How)' 회로라고도 한다.

이렇게 듣고 말하기 과정에서 이들 회로를 통해 수용언어영역과 표현언어영역은 활발하게 정보를 주고받는다. 상대의 말을 들을 때는 수용언어영역에서 언어정보를 처리하여 이해하고, 상대방으로부터 들은 말의 내용을 두 언어회로인 배측회로와 북측회로를 통해 표현언어영역에 정보를 전달하여, 표현언어영역에서 '무슨' 말을 '어떻게' 해야 할지를 결정한다.

사람이 말을 할 때는 수용언어영역에서 자기가 하고 있는 말의 내용을 파악하면서 수용언어영역이 배측회로와 복측회로를 통해 표현언어영역에서 '무슨' 말을 '어떻게' 할지 조절하게 된다. 따라서 이 과정은 사람이 말을 조리 있게 하는 데 꼭 필요하다. 궁상회로를 통한 언어 정보 처리 과정이 말을 조리 있게 할 수 있도록 만들어 준다.

만약 어떤 사람이 표현언어영역이 손상되었다면 말을 할 수 없을 것이고, 수용언어영역이 손상되었다면 상대방의 말이 무슨 말인지 이해할 수 없을 것이다. 그런데 수용언어영역은 손상되었지만 표현언어영역에는 아무 이상이 없을 때, 그 사람은 말을 할 수는 있지만 횡설수설하면서 두서없이 말을 하게 된다. 표현언어영역이 손상되지 않았으므로 말하는 데는 문제가 없어야 할 것 같지만 그렇지 않은 것이다. 그 이유는 앞에서 설명한 바와 같이 수용언어영역과 표현언어영역을 연결하는 회로를 통해, 말할 때는 자신이 하고 있는 말을 스스로 들으면서, 그 정보를 토대로 앞에 한 말에 이어서 다음에 '무슨' 말을 '어떻게' 할지 결정해야 하는데, 수용언어영역이 손상되었기 때문에 자기가 하고 있는 말의 정보를 제대로 이해하지 못한 채로 말을 하기 때문에 무슨 말을 어떻게 해야 할지 몰라 횡설수설하게 된다.

수용언어영역과 표현언어영역 그리고 이를 연결하는 언어회로가 잘 기능해야 적절한 듣고 말하기 능력을 갖출 수 있는 것이다.

말을 들을 때 대뇌 일차청각영역에 도달한 말소리의 미세한 특징을 정확히 분석하기 위해서는 청취 능력이 좋아야 하고, 일차청각영역 주변의 언어와 관계있는 연합영역(Association Area)에서 입력된 소리가 구체적으로 무엇인지를 분석해서 무슨 말인지를 이해해야 좋은 언어 능력을 갖출 수 있다. 결국 두뇌로 입력된 말소리가 구체적으로 무슨 내용인지를 잘 이해하기 위해서는 뇌의 '여러 영역이' 적절한 역할을 해야 한다.

듣기와 말하기의
해부생리학

인간의 발성은 숨을 내쉴 때 성대를 진동시켜 목소리를 만들어 내는 생리현상이다. 인간은 성대의 진동을 통해 만들어진 소리에 안면 근육, 입술 근육, 혀 등을 이용하여 소리의 공명이나 주파수 등을 조절하는 조음(調音) 과정을 통해 말소리(음소와 음절)를 만들어낸다. 인간의 말소리는 발성과 조음으로 만들어지는 것이다.

이를 위해서는 호흡을 조절하는 근육과 후두의 여러 근육이 협조적으로 작용하여 성대를 닫아야 하고, 또 성대의 접촉면을 예리하게 하여 적절하게 긴장시켜야 한다. 또 조음에 관여하는 근육들의 미세한 운동이 조화롭게 이루어져야 한다. 그냥 아무 생각 없이 소리를 낼 때보다는 노래를 하거나 의미 있는 말을 하려고 할 때 훨씬 정교한 발성이 필요하다.

민족에 따라 모국어가 다르기 때문에 대개는 민족마다 고유한 발성법을 갖게 된다. 이렇게 민족마다 다른 발성이 그 민족의 구어 언어를 만들고 독특한 민족음악을 만들기도 한다.

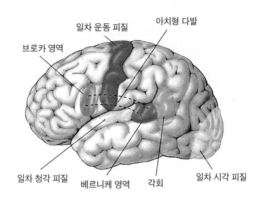

[그림 6] 언어 회로

귀와 발성기관의 신경해부학적, 생리학적 관계에 대해 알아보자.

말초신경은 척추에서 유래하는 것이 있고, 뇌에서 유래하는 것
이 있다. 뇌에서 나오는 말초신경인 뇌신경은 1번부터 12번까지
12쌍이 있다. 이 중 8번 뇌신경(청신경)은 듣기에 관여하고, 5번 뇌
신경(3차신경), 7번 뇌신경(안면신경), 9번 뇌신경(혀인두신경), 10번 뇌
신경(미주신경)은 말하기에 관여한다. 또 9번 뇌신경은 움직임을 조
절하는 운동신경이고, 5번, 7번, 10번 뇌신경은 감각과 운동을 모
두 담당하는 감각신경인 동시에 운동신경이다.

5번, 7번, 10번 뇌신경은 듣기와 말하기의 상호작용에 관여한다.
5번 뇌신경은 씹는 근육, 입을 열고 닫는 근육, 중이의 망치근과
연결되어 있다. 즉, 고막의 긴장도를 조절하는 일과 입을 여닫는

일을 같은 신경이 조절하는 것이다. 이런 해부학적 구조는 고막의 긴장도와 턱의 운동성이 밀접하게 연관되어 있음을 시사한다.

고막은 긴장도가 잘 유지되어 있을 때 외부에서 시간적 순서에 따라 빠르게 들어오는 소리 정보를 주파수별로 잘 전달할 수 있다. 입력되는 소리 정보를 정확히 처리하여 바르게 인지하는 것은 발성을 정확히 하는 데에 기초가 된다. 따라서 5번 뇌신경이 고막의 적절한 긴장도 유지와 턱의 운동성 조절을 함께 지배하는 것은 듣고 말하기 조절의 효율성 측면에서 볼 때 매우 적합한 해부생리학적 관계에 있다고 할 수 있다. 또한 5번 뇌신경이 고막의 긴장도를 조절하는 중이 망치근과 입을 여닫는 근육을 지배한다는 것은 듣기의 질이 발성 시 입을 벌리는 정도 조절과 연관이 있음을 시사하는 것이다.

발성을 한다는 것은 발성 기관을 이용하여 머릿속에 저장된 소리를 똑같이 만들어 내는 작업이다. 그런데 입력되는 소리 정보가 정확하지 않아 저장된 소리들이 원래의 소리와는 조금 다르다면, 그 사람의 기억 속에 저장된 소리 표상들이 대다수의 사람들과는 다르기 때문에 일반적인 사람들이 알아들을 수 있는 정확한 소리를 만들어 내기가 불가능할 것이다.

또, 정확한 소리로 느낌 있게 발성을 하기 위해서는 때에 따라 입을 크게 열기도 하고 작게 열기도 해야 한다.

예를 들어 '큰 빌딩'이라고 말할 때, '큰'에서 입을 크게 벌려서 말하는 사람은 상대적으로 입을 작게 벌려서 말하는 사람에 비해 말의 느낌과 의도가 잘 전달될 것이다. 반대로 '작은 빌딩'이라고 말할 때는 입을 작게 벌려서 말해야 느낌과 의도가 더 잘 전달될 것이다. 외국어에서도 이런 느낌은 우리말과 비슷하게 존재한다. 영어에서 '크다'는 뜻의 'Large'라는 단어와 '작다'는 뜻의 'Small'이라는 단어를 말할 때, 'Large'는 입을 크게, 'Small'은 입을 작게 벌려야 단어의 뉘앙스를 잘 살려 말할 수 있을 것이다.

7번 뇌신경은 눈꺼풀을 제외한 모든 얼굴 근육을 지배하면서 중이의 등자근을 지배한다. 조음 과정에서 얼굴 근육들이 많은 역할을 하기 때문에 얼굴 근육들의 움직임이 좋지 않으면 정확한 발성을 만들어 내기가 어려워진다. 즉, 얼굴 근육들이 조화롭게 움직이지 않으면 말할 때 발음이 분명하지 않아 말소리가 뭉개지는 경우가 많다.

그런데 7번 뇌신경이 얼굴 근육뿐만 아니라 등자근도 지배하는 구조적 연결을 고려하면, 등자근의 운동성이 나쁠 때 등자근에 들어온 감각정보의 질이 나쁠 수 있고, 그 질 나쁜 청각 정보가 얼굴 근육에 영향을 주어 얼굴 근육의 움직임이 적절하게 조절되지 않을 가능성이 있다. 그런 이유 때문인지는 확실하지 않지만 등자근의 운동성이 나빠서 등자근이 굳어 있는 사람은 대개 얼굴 근육들도 굳어 있는 경우를 자주 관찰할 수 있다.

얼굴 표정이 굳어져 있는 사람은 다른 사람에게 호감을 주기가 어려워 사람들과 좋은 관계를 맺기가 어려울 것이다. 결국 등자근이 굳어져 있는 사람은 말할 때 발음도 부정확하고 어눌하면서, 표정까지 굳어 있기 때문에 사회생활을 하는 데 어려움을 겪기가 쉽다.

10번 뇌신경은 외이도 일부와 고막의 긴장도를 조절하는 망치근을 지배한다. 동시에 발성과 연관 있는 인두와 후두를 지배하기 때문에 발성할 때 성대의 움직임과 호흡을 조절하여 적절한 소리를 만드는 역할을 한다. 이는 고막에 도달된 소리정보가 직접 발성 기관에 영향을 준다는 것을 시사한다.

이와 같이 듣기와 발성은 신경해부생리학적으로 밀접하게 연관되어 있기 때문에 청각인지 능력과 말하기 능력은 떼려야 뗄 수 없는 밀접한 관계에 있다.

※ 뇌신경(Cranial Nerve)

몸의 감각과 운동을 지배하는 말초신경은 대부분 척수에서 나오는데, 얼굴의 구조물들을 지배하는 말초신경은 뇌에서 나온다. 이렇게 뇌에서 나오는 말초신경을 뇌신경이라 한다. 사람의 뇌신경은 12쌍이며 지각섬유(Sensory Fibers)만으로 구성된 신경, 운동섬유(Motor Fibers)만으로 구성된 신경, 지각섬유와 운동섬유를 함께 포함한 신경 등이 있다. 지각섬유만으로 구성된 신경은 감각기능만

하고, 운동섬유만으로 구성된 신경은 운동기능만 하며, 지각섬유와 운동섬유로 구성된 신경은 감각기능과 운동기능을 모두 담당한다. 청각인지와 발성에 모두 관여하는 감각-운동 뇌신경은 5번, 7번, 10번 뇌신경이다.

12쌍의 뇌신경은 각각의 이름이 있고, 각각의 역할이 있다.

뇌신경 12쌍

I	후각신경 (olfactory nerve)	냄새 담당
II	시신경 (optic nerve)	보는 것 담당
III	동안신경 (oculomotor nerve)	안구 운동, 동공 크기 조절, 눈꺼풀 올림 담당
IV	활차신경 (trochlear nerve)	안구 운동 담당
V	삼차신경 (trigeminal nerve)	혀 운동, 얼굴 감각 담당
VI	외전신경 (abducens nerve)	혀 운동, 얼굴 감각 담당
VII	안면신경 (facial nerve)	얼굴 근육, 혀 앞쪽 3분의 2 맛 담당
VIII	청신경 (vestibulocochlear nerve)	청각 담당
IX	설인신경 (glossopharyngeal nerve)	혀 뒤쪽 3분의 1에서 맛 담당, 연구개 반사, 구토 반사 담당
X	미주신경 (vagus nerve)	자율신경계 기능 조절, 인두와 후두 담당
XI	부신경 (accessory nerve)	승모근과 흉쇄 유돌근 운동 담당
XII	설하신경 (hypoglossal nerve)	혀 운동 담당

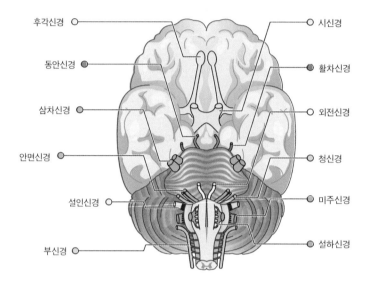

후각신경

동안신경

삼차신경

안면신경

설인신경

부신경

시신경

활차신경

외전신경

청신경

미주신경

설하신경

[그림 7] 뇌신경

음악과 언어의
신경회로는 같다

음악에는 박자와 음정이 있다. 음악에 맞춰 춤을 추고 노래를 따라 부르는 것은 리듬을 인지해서 타이밍을 맞추고 음의 높낮이 인지 능력과 발성 능력을 향상시키는 일이다. 따라서 음악 활동을 하는 것은 신경계 발달에 긍정적인 영향을 줄 수 있다.

신경계와 음악의 관계를 알아보기 위해 먼저 음악이 무엇인지에 대해 생각해 보자.

음악은 시간적 순서에 따라 소리가 있는 것(음표)과 없는 것(쉼표)의 연결과 조합이다. 음악의 3요소는 멜로디, 리듬, 화성이다. 즉 음악은 높고 낮은 음들이 연결된 흐름인 멜로디와 연속적으로 진행하는 음들의 시간적 질서인 리듬, 음들의 조화로움인 화성으로 구성되는 것이다.

음악의 기원은 불확실하지만, 음악이 거의 모든 사람에게 엄청난 힘을 발휘하는 것은 확실하다. 음악에 대한 지식 유무나 경험과는 관계없이 인간은 선천적으로 음악을 좋아한다. 개개인의 음악적 능력은 자신이 속한 문화, 타고난 음악적 재능, 생활환경 등에 따라 차이는 있겠지만 음악을 알고, 느끼고, 즐기는 것과 같은 음악적 성향은 인간의 본성 속에 깊숙이 내재되어 있다. 두뇌가 음악을 인지하는 능력은 체계적인 교육을 받지 않아도 적절한 환경에 노출되기만 하면 저절로 발달한다. 12개월 아기도 장조의 화음을 들려주면 웃고, 단조의 화음을 들려주면 운다. 아마도 음악은 인간의 본성 속에 선천적으로 내재된 능력인 듯하다.

그렇다면, 음악을 담당하는 뇌 영역은 어디이고 어떻게 발달하는 것일까?

인간의 뇌에는 단일한 음악 중추가 없다. 음악 활동을 할 때 두뇌 안에서는 어떤 특정 영역이 활성화되는 것이 아니라, 원래는 각각 고유의 역할을 하는 두뇌 여러 영역이 참여해서 음악에 대한 정보를 처리한다. 그래서 음악 활동을 할 때는 각각의 역할이 있는 여러 영역의 신경회로들이 동시다발적으로 활성화된다.

신경회로의 발달 과정을 보면 음악이 아닌 어떤 특정 역할을 하기 위한 신경회로들이 각각 먼저 발달하고, 음악 활동을 할 때는 이 신경회로들을 동원하여 음악 활동을 한다. 두뇌는 음악 활동을 하기 위해 뇌의 곳곳에 흩어져 있는 네트워크들을 필요한 만큼 끌어다가 사용하는 것이다. 다시 말해 음악 활동은 음악이 아닌 어떤 특정 역할을 하기 위해 발달한 네트워크들을 동원하여 사용하는 것을 의미한다.

음악을 듣기만 할 때와 악기를 연주할 때, 노래를 부를 때 등 어떤 음악 활동을 하느냐에 따라 뇌가 활성화되는 범위가 다르다. 음악 활동의 종류에 따라 그 활동에 필요한 두뇌 영역들이 조금씩 다르기 때문에 어떤 음악 활동을 하느냐에 따라 참여하는 두뇌 영역들에 차이가 있다.

기능성 MRI(Magnetic Resonance Imaging)를 통해 음악을 들을 때 활성화되는 영역들을 관찰할 수 있고, 악기를 연주할 때 활성화되는 영역도 관찰할 수 있다. 관찰 결과, 음악을 듣기만 할 때보다 악기를 연주할 때 활성화되는 두뇌 영역이 훨씬 더 광범위했다.

음악을 들을 때는 주로 뇌의 청각 영역, 정서를 담당하는 영역 등이 서로 정보를 주고받게 된다. 그런데 악기 연주를 하려면 뇌의 청각 영역, 시각 영역, 운동 영역, 체성감각 영역 등 거의 두뇌 모든 영역이 활성화되어 정보를 주고받아야 한다.

실제 뇌과학자들이 음악가가 악기를 연주할 때 두뇌 어느 부위가 활성화되는지 알아보기 위해 기능성 MRI를 촬영하였더니, 특정 부위가 아닌 두뇌 전체가 활성화되는 것을 관찰할 수 있었다. 이는 악기 연주 때 뇌의 거의 모든 영역이 사용된다는 것을 보여주는 것이다. 두뇌계발을 위해서는 악기 연주를 배우는 것이 다른 어떤 두뇌계발 프로그램보다 좋지 않을까 생각되는 대목이다.

음악 인지는 음악 속에 들어있는 여러 소리들이 가지고 있는 고유의 특성인 소리의 높낮이, 소리의 크기, 소리의 시간적 길이, 소리와 소리 사이의 시간적 간격 등을 구별해서 아는 것이다. 소리의 높낮이나 시간적 특성들을 구별해서 인지할 수 있어야 음악의 3요소인 멜로디, 리듬, 화성 등을 정확히 알 수 있고, 그래야 슬픈 음악인지, 즐거운 음악인지, 웅장한 음악인지, 아름다운 음악인지 등을 느낄 수 있다.

뇌가 음악을 구성하는 요소들을 처리할 때 음의 높이는 우반구에서 처리하고, 리듬 정보는 좌반구에서 처리한다(Alcocke et al., 2000 , Zatorre et al., 2002). 음악을 듣고, 리듬을 인지하고, 리듬에 맞춰 몸을 움직이거나 악기를 연주하는 것으로 우리의 뇌는 여러 영역이 고르게 발달한다.

또 음악과 언어는 같은 신경회로에서 처리되기 때문에 음악 활동은 언어 발달에 도움이 되며, 음악 훈련은 나이에 관계없이 모든 사람(아이들, 젊은 성인, 노인)의 말소리 인지와 청각작업기억(Auiditory Working Memory)을 향상시킨다(Tierney & Kraus; 2014). 음악 활동이 듣기의 질을 높이고 언어 발달이나 언어 재활 그리고 나아가서는 두뇌 건강에 도움을 주는 것이다.

음악 전공자와 비전공자를 상대로 말소리 인지 능력을 측정한 몇 가지 연구들도 있다. 주크(Zuk)는 음악 전공자와 비전공자에게 시간 길이가 긴 음절과 짧은 음절(예를 들어 우리말에서는 '마'와 '바'의 경우 '마'는 'ㅁ'에서 'ㅏ'로 소리가 이행하는 시간이 100ms이고, '바'는 'ㅂ'에서

'ㅏ'로 이행하는 시간이 40㎳이다)을 들려주고 둘을 구분하는 능력의 차이를 비교하였는데, 음악 전공자가 비전공자에 비해 더 잘 구분하였다.

베송(Besson)과 마네(Magne)는 음악 전공자와 비전공자가 말소리의 높낮이를 구분하는 능력의 차이를 비교하였고, 이 역시 음악 전공자가 비전공자에 비해 말소리의 높낮이 변화를 더 빠르고 정확하게 구분하였다는 결과를 얻었다.

쇼버트(Chobert)는 음악 전공자와 비전공자가 모음 높이, 모음 길이, 음성 유발 시간을 구별하는 능력을 뇌파를 참고하면서 비교하였더니, 음악 전공자가 모음에 대한 정보를 더 정확하게 처리하는 결과를 보였다.

음악 점수와 언어 점수의 상관관계를 알아본 연구들도 있다. 밀로바노프는 음악 과목 점수와 발음의 정확도는 비례한다고 하였고, 주크는 초등학생을 대상으로 한 연구에서 기타 코드를 맞추는 검사 점수와 언어 능력이 상관관계가 있다고 하였다.

이러한 연구 결과들은 음악과 언어가 공통된 신경회로를 사용하기 때문에 가능한 것이다. 음악 훈련이 언어 능력을 향상시킬 수 있고, 언어 훈련이 음악 능력을 향상시킬 수도 있다.

음악 훈련과 읽기 능력의 연관성에 대한 연구들도 많이 있다.

앤버리(Anvari)는 음악 능력 측정 점수와 읽기 검사 점수가 비례한다는 연구 결과를 발표하였고, 고든(Gordon)은 수많은 논문을 정리하여 분석한 결과 음운인식 능력은 리듬 능력과 비례한다는 결론을 얻었다. 또한 허스(Huss)는 난독증 아이들은 리듬 인지 능력이 부족하다고 하였다.

※ 청력 손실과 인지와 발달

청력이 손실되어 단순 듣기가 잘 안 된다면 발달, 학습 그리고 인지에 어떤 영향을 줄까?

청력이 손실되어 듣는 것이 안 좋아지면 청각뿐 아니라 다른 감각들의 인지 기능도 안 좋아지기 쉽다. 나이에 관계없이 청력이 손실되면 전체 두뇌 인지 기능이 감퇴하는 경우가 많다.

소아에서는 청력 손실의 문제가 인지 기능의 문제뿐 아니라 발달과 학습에서도 문제를 야기한다. 유아기, 소아기, 청소년기는 발달과 학습이 활발히 일어나는 시기로, 성장함에 따라 할 줄 아는 것들이 점점 많아진다. 청각 정보를 처리하는 신경계의 발달이 언어나 읽기뿐만 아니라 운동이나 집중력, 고차원적 인지 기능 같은 다른 여러 능력이 발달하는 데에도 영향을 주기 때문에 소아의 청력 손실 문제는 발달과 학습 문제로 이어질 수 있다.

소아청소년기의 청력 손실은 일단 언어 발달에 지연을 초래할 수 있고, 언어 발달의 지연은 설명을 들어야 배울 수 있는 여러 가지 학습을 제대로 할 수 없게 만든다. 결국 소아청소년기의 청력 손실은 언어 발달의 문제로 이어져, 학습에 어려움을 초래하며 인지 기능의 저하를 가져온다.

그런데 요즘 귀에 이어폰을 꽂고 음악의 볼륨을 크게 틀어놓고 듣는 청소년

들을 흔히 볼 수 있다. 귀는 정도 이상 큰 소리에 노출되면 청력이 손실된다. 과도하게 큰 소리 에너지는 달팽이관의 유모세포에 회복할 수 없는 영구 손상을 입혀 청력 손실을 일으키는 것이다. 75dB 이하의 소리는 안전하지만, 85dB의 소리를 1시간 이상 듣거나 110dB 정도의 소리를 잠깐 동안 들으면 영구적으로 청력이 손실된다. 청력은 사람이 일생을 살아가는 동안 최대한 보존하면서 살아야 할 중요한 자산인데, 과도하게 큰 소리로 음악을 듣는 것은 소음성 난청을 자초하는 것이다. 그러므로 소아청소년기에 너무 큰 소리로 음악을 듣지 않도록 아이들을 지도해야 한다.

성인의 청력 손실은 소음이나 약물로 인해 일어나기도 하지만, 꼭 큰 소리에 노출되지 않아도 자연스러운 노화 현상으로도 발생한다. 노인기는 발달과 학습이 사실상 끝난 시기이므로 노인의 청력 손실은 발달과 학습에는 큰 영향을 주지 않는다. 그러나 노인의 경우 청력이 손실되면 인지 기능이 손상되면서 치매에 걸릴 확률이 매우 높아진다. 청력 손실이 없는 노인과 비교했을 때 경도의 청력 손실이 있는 노인은 치매에 걸릴 확률이 2배 가량 높아지고, 보통 정도의 청력 손실이 있는 노인은 3배, 심한 청력 손실이 있는 노인은 치매에 걸릴 확률이 5배 가량 높아진다. 귀가 잘 들리지 않는 노인은 들리지 않는 정도가 심해질수록 두뇌의 인지 자원이 점점 더 많이 고갈되어 치매에 걸릴 확률이 높아지는 것이다.

현재 우리 사회는 출산율은 낮고 노인 인구 비율은 늘어나는 초고령 사회로 가고 있다. 노인이 증가하는 만큼 난청으로 고생하는 노령 인구도 이에 비례해 점점 더 증가하고, 치매가 큰 사회문제로 대두되고 있다.

우리나라는 치매의 예방이나 치료를 위해 약물 치료와 인지 치료에 많은 비용을 들이고 있다. 그런데 적어도 치매 치료의 한 부분은 노인성 난청을 해결하는 쪽에 맞춰져야 한다고 생각한다. 보청기 기술의 발달로 난청의 치료에 보청기를 사용해서 듣는 데 도움을 줄 수는 있지만, 손상된 청력 자체를 좋게 만들 수는 없다.

반면 어느 정도 난청이 있는 상태에서도, 청각인지 훈련을 하면, 청각인지는 어느 정도 보존할 수 있다. 그러면 청력이 어느 정도 손실되더라도 치매가 오는 것을 막을 수 있을 것이다.

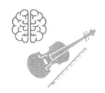

읽기는
듣기부터 시작된다

    글자는 구어 언어를 시각적 이미지로 만든 것이고, 읽기는 시각적 이미지를 각 이미지에 대응되는 소리로 연결해 무슨 소리인지를 인지한 다음 구어 언어로 이해하는 것이다. 대부분의 나라에서 공식적으로는 만 6세가 넘어 학교에 들어가서 읽기를 처음으로 배우지만 교육열이 높은 우리나라에서는 조기 교육 열풍 때문에 만 3세만 넘어도 글자를 가르치는 경우가 흔하다.

    읽기를 배우기 위해 반드시 갖추어야 할 가장 기본적인 청각인지 기능은 말소리 속에는 음절보다 더 작은 소리 단위인 음소가 있다는 사실을 인지하는 능력이다. 말소리 속의 음절을 음소 단위의 소리로 쪼개기 위해서는 소리의 미세한 차이를 구별하는 청각적 인지 능력인 '음운 인식 능력'이 발달되어 있어야 한다.

    한글이나 영어 알파벳들은 구어 언어 중 음소 단위로 대응되도록 만들어져 있고, 음절을 이루고 있는 문자소들을 조합해서 구어 언어 기본 단위인 음절 읽기를 한다. 그래서 음절을 쪼개 음소로 만들 수 없으면 문자소와 음소를 대응시킬 수가 없기 때문에 눈앞에 보이는 글자를 구성하고 있는 문자소들을 보면서 음절로 조합할 수 없어 읽기를 할 수 없고, 쓰기를 할 때도 자신이 표현하려는 말의 음절을 만들기 위해 문자소들을 조힙해 글을 만들 수가 없다. 읽기도 할 수 없고, 쓰기도 할 수 없는 것이다.

발달 과정에서 말소리의 음절을 음소로 쪼개서 인식할 수 있는, 읽기를 배울 만큼의 음운 인식 능력을 갖추는 시기는 곧 소리의 미세한 차이를 구별하는 능력이 충분히 발달하는 시기이다. 이는 평균적으로 생후 60개월 이상이다. 물론 모든 발달이 그렇듯이 청각인지 능력의 발달 정도에도 개인차가 있어 생후 36개월만 지나도 문자 학습이 가능할 만큼 청각인지 능력이 발달하는 경우도 있고, 만 7세가 넘어도 청각인지 능력이 부족해서 문자 학습이 불가능한 경우도 있다.

이렇게 읽기 학습의 시작은 말소리의 최소 단위가 '음절'이 아니고, '음절'보다 더 작은 소리 단위인 '음소'라는 사실을 아는 것부터이다. 그다음은 그 음소에 대응하는 문자소들을 눈으로 보면서 ㄱ, ㄴ, ㄷ, ㄹ 그리고 ㅏ, ㅑ, ㅓ, ㅕ 등 각각의 소릿값을 암기한다. 그런 다음 문자소들을 조립하여 구어 단어를 구성하는 기본 단위인 음절을 만드는 법을 배워 음절 단위의 읽기를 배운다. 그리고 나서 음절들을 연결하여 구어 단어를 만들어 단어별 읽기를 하게 된다. 단어별 읽기가 가능해지면, 그때부터는 독서의 양과 질이 늘어나며 점점 고차원적인 읽기 능력이 발달하는 것이다.

　읽기 학습을 할 때 필요한 인간의 감각은 시각과 청각이다. 시력과 청력에 특별한 이상이 없다는 가정하에, 읽기 과정에 더 중요한 감각은 '청각'이다. 앞에서 설명한 바와 같이 음절 속에 음소가 있다는 사실을 인지하지 못하면 읽기 학습의 시작 자체가 안 되기 때문이다.

　청각 기관의 기능은 크게 두 가지로 분류할 수 있는데, 하나는 소리를 분석해서 처리하는 와우 기능과 또 하나는 자세를 유지하고 몸과 눈동자의 움직임을 조절하는 전정 기능이다. 와우부는 소리 정보를 처리해서 말소리의 정확한 소릿값을 인지하는 데 관여한다. 또 필요 없는 소리는 걸러내고, 필요하고 의미 있는 소리에는 동조하는 역할을 한다. 따라서 와우 기능이 부족하면 외부에서 들려오는 여러 가지 소리 중에서 말소리만을 추출해서 구분해 듣기가 어렵다. 또 말소리의 구성 성분 중 유사한 소리를 구별하기도 어렵다.

　예를 들어 '밥'과 '팝'은 비슷한 음절 구조로 'ㅂ'과 'ㅍ'의 음높이만 다를 뿐 나머지 소리 성분은 거의 같은 음절이다. 와우 기능이 부족한 사람은 '밥'과 '팝'을 말로 들을 때도 잘못 듣기 쉽고, 글로 읽을 때도 어떻게 읽어야 할지 몰라 읽을 수가 없다.

　소리에 대한 정보 처리가 빠르고 정확하지 못하면, 말소리를 정확히 인지하지 못해 음운 인식에 어려움을 겪게 된다. 정확한 소릿값을 기억하고 있어야 글자를 보면서 글자의 소릿값에 문자소들을 대응시킬 수 있다. 그런데 청각 기능이 나빠서 말소리의 소릿값을 정확하게 인지하기 어려운 사람은 기억하고 있는 구어 단어의 소릿값이 정상 소리와 다르게 저장되어 있거나 정확하게 저장되어 있지 않아서 눈에 보이는 문자를 그에 대응되는 소리로 바꾸는 데에 문제가 생긴다. 결국 읽기 학습에 어려움을 겪게 되는 것이다.

재차 강조하지만 두뇌 안의 청각 뉴런들이 소리 정보를 정확히 처리할 수 있어야만 시각적 표상인 문자를 소리와 연결시킬 수 있고, 그게 가능해야 읽기를 배울 수 있다. 청각인지 기능의 문제는 난독증의 주요 원인이 된다.

또 읽기를 잘하기 위해서는 시각 정보와 청각 정보의 동기화가 원활해야 한다. 말소리 인지가 잘 이루어지지 않아 말소리의 정확한 소릿값을 기억하고 있지 못한 상태에서는 글자를 눈으로 보면서 보이는 글자의 소릿값이 무엇인지를 생각하는 과정에서 어느 것이 맞는 소리인지 긴가민가하면서 읽기를 망설이게 된다.

그렇게 되면 시각 정보와 청각 정보의 동시 처리가 제대로 될 수가 없다. 문자를 보면서 무슨 소리로 연결시킬지 망설이게 되면, 이는 곧 읽기 유창성 획득이 어려워지는 요인이 된다. 능숙한 읽기를 위해서는 두뇌 안에서 '시각 정보와 청각 정보 처리 과정의 원활한 동기화'가 중요하다.

읽기에는 와우부의 기능만 관여하는 것이 아니고, 전정부의 기능도 관여한다. 전정부는 읽을 때 눈동자의 움직임을 조절하고, 발성 기관의 움직임 조절에도 관여한다. 따라서 전정 기능에 문제가 있으면, 소리 내어 책을 읽을 때 줄을 놓치거나 발성의 어려움을 초래하여 정확하게 읽을 수 없게 된다.

결론적으로 읽기에는 눈보다 귀의 기능이 더 중요하고, 귀의 와우 기능과 전정 기능 모두가 읽기에 꼭 필요한 기능인 것이다.

모국어 발달에서의 청각인지

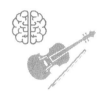

모국어를 듣고 말할 수 있는 능력은 배워서 얻어지는 것이 아니다. 적절한 모국어 환경에서 살아가기만 하면 대다수의 사람이 정상적인 발달 과정을 거치면서 획득하는 능력이다. 즉, 모국어를 듣고 말하는 능력을 획득하는 과정은 가르치고 배워서 할 줄 알게 되는 '학습' 과정이 아니고, 적절한 환경 속에서 살아가기만 하면 할 줄 알게 되는 '발달'이다.

신생아는 출생 후 6~8주가 되면 두뇌 안에서 언어를 담당하는 영역의 뉴런들이 모국어 말소리에 반응하여 언어 회로가 형성되기 시작한다. 모국어 발달은 모국어 환경에서 살아가기만 하면 생후 2개월부터 두뇌 안에 언어 회로가 생성되기 시작하여 6세까지 거의 성인 수준으로 발달하며, 12세경에 완성된다.

이때 듣기와 말하기 중에서 듣기가 먼저 발달한다. 언어 영역의 시냅스 개수가 증가하는 시기도 듣기 영역 쪽이 먼저이다. 수용언어영역인 베르니케 영역의 시냅스 수가 9개월에서 20개월 사이에 최대가 되는 데 비해 표현언어영역인 브로카 영역의 시냅스 개수는 15개월에서 24개월 사이에 최대가 된다.

언어 발달의 시작은 듣고 있는 말소리 속에서 음소들의 소리 특성을 정밀하게 구체적으로 구별하는 청각적 인지 능력이 발달하면서부터이다. 자음과 모음의 소리 특성들을 인지하여 기억 속에 저장하고 나서, 머릿속에 저장되어 있는 소리들을 떠올려 발성 기관을 이용해 떠올린 말소리를 만들어 내는 것이다. 이 과정은 소리의 미세한 특징을 인지하는 것에서 시작하지만, 나중에는 특정 소리가 가지고 있는 의미까지도 알아야 구어 언어 이해와 표현 능력을 획득할 수 있게 된다.

발성의 시작은 생후 2개월경에 시작되는 쿠잉(Qooing)이다. 쿠잉은 호흡과 발성을 조화롭게 조절하는 연습처럼 보인다. 옹알이의 초기 단계라고도 볼 수 있으며, 특별한 의미를 표현하는 것은 아니다. 쿠잉 소리는 '우', '구', '쿠' 같은 목 울림소리로 비둘기 울음과 비슷한 소리이다.

생후 4개월에서 6개월이 되면 쿠잉 단계의 목 울림소리가 확장되면서 혀를 진동시켜 소리를 내기도 하며, 발성하면서 소리의 크기나 높낮이를 조절하기도 한다. 아기가 내는 쿠잉 소리에 의미는 없지만, 엄마는 구어 언어로 반응해 주어야 한다. 아기가 당장은 엄마의 말을 이해할 수 없지만, 엄마가 하는 말을 들으면서 모방을 통해 언어를 배우기 때문이다.

발성의 다음 단계는 초기 '옹알이(Babbling)'로 생후 6~8개월에 나타난다. 초기 단계의 옹알이 소리는 '마마', '바바' 같은 반복성 음절로 아기가 내는 소리에서 공명이 관찰되며, 자음과 모음이 뚜렷해진다.

생후 9~12개월은 후기 옹알이 단계로 다양한 음절의 비반복성 옹알이가 나타난다. 억양이 다양해지면서 진정한 말의 시작이 이루어지는 시기로서, '엄마'라는 단어가 나올 준비가 된다.

이렇게 단계적으로 언어가 발달하는 과정에서 가장 먼저 이루어져야 할 것은 말소리의 정확한 인지이다. 즉 듣기가 정확하게 이루어져야만 말소리의 구성 성분들을 정확히 기억하고 있다가 말소리를 정확하게 만들어 말을 할 수 있게 된다.

모국어 환경에서 살고 있는 아기는 어떤 소리의 단어가 무슨 의미를 가지고 있는지 알고 난 다음, 그 단어의 소릿값을 의미와 연관 지어 기억하고 있다가, 발성 기관을 이용하여 그 단어의 소리를 만들어 말을 하게 되는 것이다. 돌이 지난 유아가 5개 정도의 단어를 말하려면 알아들을 수 있는 단어는 100개 정도 된다고 한다. 들을 수 있는 단어의 수가 충분해야 그중 일부를 말할 수 있는 것으로 생각된다. 그런데 단어를 정확히 알아들으려면 말소리 속의 구어 단어를 청각적으로 정확히 구별해서 들을 수 있어야 하고, 그러기 위해서는 소리의 미세한 차이를 구별할 수 있는 청각인지 능력의 발달이 선행되어야 한다.

돌잔치를 앞둔 영아가 '엄마'라는 말을 하게 되는 과정을 살펴보자. 아기가 '엄마'라는 말을 하기 위해서는 '엄'이라는 음절과 '마'라는 음절의 소리를 정확히 인지할 수 있어야 한다. 만약 '엄'이라는 음절에서 모음 'ㅓ'가 'ㅏ' 인지, 'ㅔ' 인지, 'ㅣ' 인지, 'ㅗ'인지, 'ㅜ' 인지를 구분할 수 없다면, 그 아기는 '엄마'라는 구어 단어를 들으면서 그 단어가 '엄마'인지, '암마'인지, '임마'인지, '옴마'인지, '움마'인지를 구별할 수 없을 것이다. 그러면 아기는 '엄마'라는 단어를 말할 수 없다. 말을 하려면 구어 단어의 소리를 정확히 인지해서 저장하고 있다가, 말하려는 의도에 맞는 단어를 떠올려서, 기억 속에 저장된 그 단어의 소리를 자신의 발성 기관을 이용해 만들어 내야 하기 때문이다.

이렇게 '엄마'라는 단어의 '엄'을 정확히 인지하지 못하는 상태라면 아기의 머릿속에는 '엄'이라는 소리가 저장될 수 없다. 따라서 그 아기는 엄마의 얼굴을 빤히 보면서도 머릿속에 '엄'이라는 소리가 저장되어 있지 않기 때문에 '엄마'라는 말을 입 밖으로 꺼낼 수가 없다.

청각인지 능력이 제대로 발달하지 못해서 돌이 한참 지났는데도 불구하고 '엄마'를 말하지 못하는 아기가 있다면, 엄마는 답답한 마음에 아기 얼굴을 보면서 "내가 엄마야", "엄마"라고 해 봐, "엄마", "엄마", "엄마"를 반복한다. 그렇지만 아기는 '엄마'라는 단어의 소리가 정확히 인지되지 않아서 어떤 소리를 내야 하는지 알 수 없기 때문에 '엄마'를 말할 수가 없다.

언어 발달이 더딘 경우에 그 원인은 다양하다. 단순히 언어 경험의 부족 때문이라면 반복적인 경험을 강제로 주는 것이 발달에 도움이 될 수 있을 것이다. 하지만 청각인지 기능이 부족해서 생긴 언어 발달의 지연은 아기에게 언어적 경험을 많이 제공하기 위해 언어 자극을 반복적으로 주는 것만으로는 발달을 촉진시킬 수 없다.

언어학자들은 흔히 언어 습득의 필요조건으로 사회문화적 체험, 기억력, 고차원적 사고력, 반복 연습, 1,000분의 1초 단위의 시간 인지 능력 등을 꼽는다. 그렇지만 이런 필요조건들이 충분히 갖추어진 상태라도 말소리를 구별할 수 있을 만큼의 미세한 소리 차이를 구별할 수 있는 청각인지 능력이 뒷받침되지 않으면 언어 습득은 어려울 수밖에 없다.

보통의 환경에서 사는 아이의 모국어 발화가 늦고 언어 발달이 지연될 때, 언어 자극의 부족이나 언어 경험의 부족이 원인인 경우는 별로 없다. 그보다는 대개 청각인지 능력의 부족이 원인인 경우가 많다.

따라서 청각인지 능력이 나이에 비해 뒤처진다면, 언어적 경험을 제공하는 언어치료에 앞서 청각인지 능력을 향상시키기 위한 훈련이 우선이다.

영어 학습에서의
청각인지

  대한민국에서는 거의 모든 사람이 영어를 배운다. 우리 사회에서 영어를 전혀 못하면 여러모로 지장이 많기 때문에 영어는 정규 교과 과정에 필수적으로 들어갈 수밖에 없는 과목이다. 예전에는 중학교에 입학하면서부터 영어를 배우기 시작했지만 요즘에는 최소 초등학교 저학년 시기부터 영어를 배우기 시작하며, 영어유치원에 다니는 등 취학 전부터 영어를 배우는 아이들도 제법 많다.

  우리나라가 영어 교육에 쓰는 비용과 시간은 아마 세계에서 가장 많을지도 모른다. 그렇지만 우리나라 사람들의 영어 능력은 다른 나라 사람들과 비교할 때 그렇게 좋은 편이 아니다. 영어 학습에 많은 시간과 비용을 들이는데도 불구하고 외국인과 자유롭게 영어로 대화를 나누기가 어렵다. 한국인이 여러 방면에서 우수한 능력을 가지고 있다는 것은 세계 여러 나라 사람들에게 인정받고 있지만, 유독 영어로 의사소통하는 능력만은 뒤떨어진다.

그 원인을 신경과학적으로 알아보자.

세상에 존재하는 모든 언어는 말소리를 구성하는 음소의 높낮이에 차이가 있을 뿐만 아니라 강약이나 음절의 시간적 길이, 말의 진행 속도 등에 차이가 있다. 모국어는 출생 시부터 모국어 환경에서 살아가기만 하면 자연스럽게 구어 언어가 습득되고, 그 과정에서 모국어 소리의 특성을 잘 인지하는 방향으로 언어 회로가 발달한다.

그런데 어떤 사람이 자라면서 충분한 모국어 소리 자극을 받아 모국어를 담당하는 언어 회로가 어느 정도 완성된 뒤에 외국어를 배우려고 하면, 이때부터는 어려움이 생긴다. 그 사람의 언어 회로는 이미 모국어 말소리 정보를 빠르고 정확하게 처리할 수 있도록 발달되어 있지만, 외국어 말소리는 들어본 경험이 없기 때문에 모국어와는 소릿값이 다른 말소리 특성을 가진 외국어 말소리의 음소 소릿값에 대한 정보를 정확히 처리해서 인지하기가 어렵다. 그래서 외국어를 배울 때 상당한 어려움을 겪게 되는 것이다.

그렇지만 외국어도 언어이므로, 모국어 습득과 동일한 과정을 거쳐 언어 습득 순서에 맞춰 배울 수 있게 해 준다면 효율적으로 외국어를 습득할 수 있을 것이다. 영어를 배울 때도 모국어와 마찬가지로 듣기가 먼저 가능해진 후에 말하는 것이 가능해진다. 영어든 한국어든 인간의 언어 발달 과정은 다를 것이 없다.

영어를 습득하는 과정에서 모국어 발달의 과정 중 생후 9개월까지 발달하는 쿠잉이나 옹알이 과정까지 겪을 필요는 없지만, 생후 10개월 무렵에 발달하는 말소리의 최소 단위인 음소 인식부터 이어지는 청각인지 발달 과정은 겪어야 영어 듣기가 수월해진다.

그런데 현재 우리나라의 영어 수업 과정은 아기가 모국어를 습득하는 과정이 완전히 무시된 상태로 짜여 있다. 영어 학습 시작부터 단어를 외우고 구절이나 구조가 갖춰진 문장을 읽고, 이를 말로 하도록 하고 있다. 영어라는 언어의 음소들에 대한 소릿값부터 정확히 인지하고 기억한 상태에서 구어 언어로서의 영어를 배운 다음 읽기와 쓰기를 배워야 하는데, 영어 학습의 순서가 뒤죽박죽인 것이다.

외국어를 배우려면 우선 외국어를 알아들을 수 있어야 한다. 그런데 외국어 말소리의 주파수는 모국어 말소리의 주파수와 달리 우리 귀에 들리지 않는 소리들이 있다. 인간은 전에 들어본 경험이 있는 소리만 인지할 수 있다. 반복적으로 소리를 들어서 그 소리의 정체를 확실하게 인지해 기억하고 있어야 기준이 되는 소릿값이 두뇌 안에 저장될 수 있고, 다음번에 그 소리와 동일한 소리가 들렸을 때 알아들을 수 있다.

인간은 기억 속에 저장되어 있는 소리만을 발성할 수 있다. 당연한 이야기이지만 들어본 적이 없어서 두뇌 안에 저장되어 있지 않은 소리를 발성 기관으로 만들어낼 수는 없다. 발성해야 할 소리가 무엇인지를 모르는데 어떻게 소리를 내겠는가. 두뇌 안에 저장되어 있지 않은 소리는 결국 어떤 소리인지를 모르는 소리이고, 무슨 소리인지도 모르는 소리를 발성 기관으로 만들어 내는 것은 불가능하다.

이렇듯 외국어를 배우려면 그 외국어의 말소리가 어떤 소리인지를 정확히 알아들어야 하고, 알아들은 소리를 기억할 수 있어야 외국어 듣기와 말하기를 배울 수 있다. 우리의 청각신경계는 많이 들어본 높이의 소리를 더 잘 구분할 수 있다.

외국어를 들을 때 모국어에서는 들어본 적이 없는 주파수 영역대의 소리는 잘 구별되지 않기 때문에 모국어의 주파수 범위가 넓은 언어권에 사는 사람은 모국어 주파수의 범위가 좁은 언어권에 사는 사람보다 외국어 배우기가 상대적으로 쉽다.

프랑스어의 음소들은 주로 1,000~2,000Hz 주파수 영역대의 소리이고, 영어의 음소들은 2,000~8,000Hz 영역대의 소리이다. 프랑스어와 영어는 음소들의 주파수 영역대가 겹치는 부분이 별로 없어서 프랑스인과 영국인은 상대방의 언어를 배우기가 어렵다. 스페인어는 주로 150~500Hz 주파수 영역대 소리와 1,500~2,500Hz 주파수 영역대 소리이기 때문에 스페인 사람은 고주파 음역대의 소리를 주로 쓰는 영어를 배우기가 어렵다.

한편, 러시아어는 125~12,000Hz 소리를 폭넓게 활용한다. 러시아 사람들은 모국어의 주파수 영역대가 매우 넓어서 어느 나라 말이든지 평소 들어본 경험이 없는 높이의 소리들이 별로 없다. 그래서 러시아인은 세계 여러 나라의 언어를 배우기가 다른 나라 사람들에 비해 상대적으로 쉽다.

한국어는 2,000Hz 이하 주파수 영역대의 소리를 주로 쓰는 언어라서 2,000Hz 이상의 소리가 주성분인 영어 배우기가 어려운 편에 속한다. 일본어는 한국어와 비슷한 주파수 영역대의 소리를 주로 쓰기 때문에 한국인이 일본어를 배우기는 비교적 쉽다. 또 일본인도 영어를 배우기가 한국인만큼 어렵다.

말소리에는 높낮이 외에도 리듬이라는 소리의 특성이 들어있다. 언어 소통이나 습득에 있어서 어떤 면에서는 리듬이 높낮이보다 더 중요하다. 언어에 들어있는 리듬은 주로 소리의 강약과 소리의 지속 시간 길이에 의해 결정되고, 소리의 높낮이에 의해 영향 받는다. 따라서 말소리의 리듬을 정확히 인지하기 위해서는 청력 자체에 문제가 없다면 소리 속에 들어있는 시간적 정보 처리가 정확해야 한다.

소리는 시간에 따른 함수이고, 말소리의 시간적 특성에 따라서 의미가 달라질 수도 있다. 예를 들어, 누군가 "잘 한다"라고 말했을 때와 "잘~한다"라고 말했을 때, '잘'이라는 음절의 길이에 따라 완전히 의미가 달라져서 정반대의 의미가 되는 것처럼 말이다. 또 언어마다 말의 속도도 다르고, 한 음절의 지속 시간도 각기 다르다. 미국식 영어는 음절 지속 시간이 평균 75㎳이고 프랑스어는 평균 50㎳이다. 그래서 미국인이 프랑스어를 배우기 위해서는 빠르게 발음하는 법도 같이 배워야 한다.

ADHD 아이들의
청각이 과민한 이유

    ADHD는 주의집중이 부족하고 충동조절에 어려움을 보이는, 소아기의 가장 흔한 신경발달장애이다. 유병률은 연령대별로 다르고, 보고자에 따라 약간씩 차이를 보이지만 약 7~8% 정도이다. ADHD 아이들은 다른 아이들과 비교할 때 산만하면서 여러 감각에 대해 예민한데, 특히 소리 감각에 예민해서 작은 소음에도 주의집중이 깨지는 경우가 많다.

    사실 소리에 대한 감각이 예민한 사람들은 환경 속에 존재하는 각종 소리 자극에 무차별 공격을 받는 것과 다름없어서 산만하지 않을 수가 없다. 감각이 예민해서 집중을 못하는 것인지, ADHD가 있어서 감각이 예민한 것인지는 무엇이 원인이고 무엇이 결과인지를 알기가 어려운 면이 있다. 만약 ADHD 아이들이 너무나 과민한 청각 때문에 주의집중을 못하는 것이라면, 청각 과민성을 낮출 수 있는 훈련을 시켜서 주의집중을 향상시킬 수도 있을 것이다.

실제 나의 임상 경험으로는 ADHD 아이들의 청각 과민성을 낮춰주는 훈련으로 주의집중이 향상되는 모습을 많이 볼 수 있었다.

ADHD 아이들의 청각이 과민한 이유는 소리를 들을 때 공기전도로 듣는 강도보다 골전도로 듣는 강도가 크기 때문인 경우가 많다. 공기전도를 통해 소리를 들으면 소리가 중이를 거치는 동안 필요 없는 소리는 걸러내고 말소리의 주성분을 증폭시켜 필요한 소리만 주로 듣게 된다. 그런데 골전도를 통해 소리를 들으면 소리가 중이에서 걸러지는 과정을 거치지 않기 때문에 필요한 소리와 필요 없는 소리가 섞이게 되고, 그렇게 되면 공기전도 소리보다 더 큰 소리가 더 많이 들리게 된다. 필요 없는 소리가 더 많이, 더 크게 청각계로 입력된다는 것은 정작 필요한 소리는 제대로 듣지 못하는 결과를 초래한다.

이에 착안하여 생활환경에서 들리는 소리를 들을 때, 골전도로 듣는 강도보다 공기전도로 듣는 강도를 크게 만들어 주는 청취훈련을 시키면, ADHD 아이의 산만함을 줄일 수 있을 것이다. 즉, 청취의 주된 경로가 골전도에서 공기전도로 바뀌도록 훈련시켜, ADHD 증상을 개선하는 것이다.

또 ADHD 아이들은 귀를 통해 두뇌로 입력되는 소리 정보가 구체적으로 무엇인지를 분별해서 인지하는 중추청각정보처리(Central Auditory Processing)의 어려움을 가지고 있는 경우가 많다. ADHD 아이들의 41~43%가 중추청각정보처리장애(Central Auditory Processing Disorder)를 가지고 있고, 중추청각정보처리장애가 있는 아이들의 84%가 ADHD를 가지고 있다.

　중추청각정보처리장애가 있으면 말소리 듣기의 정확성이 떨어지기 때문에 상대방의 말을 알아듣기가 어렵고, 필연적으로 두뇌 안에 구어 단어의 소릿값이 정확히 저장되기 어렵다. 구어 단어의 소릿값이 또렷하고 정확하게 저장되지 못한 상태에서는 정확한 발음으로 말하기가 어려워진다. ADHD 아이들은 충동적이고 산만한 기질 특성 탓에 자신의 생각과 의도를 조리 있게 논리적으로 말하는 것이 어려운데, 여기에 더해 발음까지 부정확하면 다른 사람들과 진지한 대화를 나누기가 어려울 것이다. 이는 결국 다른 사람들과의 긍정적 관계 형성에 어려움을 초래하고 단체생활을 어렵게 만든다. ADHD 아이들은 주변 사람들과 따뜻하고 우호적인 관계 형성에 꼭 필요한 사회적 기술이 부족해져 사회성 발달에 매우 불리해지는 것이다.

　ADHD 아이들은 내이 전정부의 기능이 부족한 경우도 많다. 내이 전정부는 자세를 바르게 하고 몸의 움직임을 조절하는 역할을 한다. 그런데 ADHD 아이들은 전정부 기능이 좋지 못해서 전정 자극을 갈망하기 때문에 자세가 불량하거나 몸을 잠시도 가만두지 못해 과잉 행동을 하는 경우가 많다. 전정 기능을 향상시키는 훈련을 해준다면, 불량한 자세와 과잉 행동을 어느 정도 개선시킬 수 있을 것이다.

　또 전정 기능이 부족한 ADHD 아이들은 몸의 균형을 잡는 것도 힘들다. 두발자전거 타기를 어려워하기도 하고, 한쪽 다리로만 서 있는 자세를 유지하기도 어려워한다. 그러면 친구들과 몸으로 놀기 어려울 수 있고, 닭싸움 놀이도 하기 어려울 수 있다. ADHD 아이들에게 전정기능을 향상시키는 훈련을 해 줌으로써 한쪽 다리로 오랜 시간 서 있는 자세를 유지할 수 있게 만들어 준다면, 다른 아이들과 어울려 노는 데 도움이 될 것이다.

전정기능 향상에 도움이 되는 훈련으로는 바닥에 직선을 그어 놓고 그 선을 따라 모델 워킹처럼 일자로 걷기를 하거나 한쪽 발을 들고 다른 쪽 다리로 오랫동안 서 있기, 리듬에 맞춰 춤추기 등이 있다.

청취 훈련으로 전정 기능을 향상시킬 수도 있다. 전정 기관에 충분한 자극을 줄 수 있는 음악을 들려줌으로써 내이의 전정 기능을 향상시켜, 바른 자세를 유지하고 과잉 행동을 줄일 수 있다. 골전도 헤드폰을 이용하여 저음으로 구성된 음악을 들려주면 저주파 소리의 진동이 전정 기관에 큰 자극을 줄 수 있고, 이를 통해 전정 기능을 향상시키는 효과를 얻을 수 있다.

ADHD 아이들은 전정 기능이 부족하기 때문에 정상인들이 환경 속에서 받는 중력이나 일상적인 몸의 움직임을 통해 받는 전정 자극 강도로는 안정된 자세와 움직임을 유지할 수 없다(자폐스펙트럼장애 아이들도 그렇다). ADHD 아이들이 대개 머리와 몸을 심하게 움직이는 것은 이 때문이다. 전정 기관이 필요로 하는 만큼의 충분한 자극을 받지 못하기 때문에 본인이 몸을 움직여 필요한 자극을 만드는 것이다(이 내용은 증명되지 않은 가설이다).

그런데 전정 기관에 충분한 소리 에너지가 전달되도록 특별히 고안된 청각 훈련 도구를 이용해 '골전도'로 '저주파' 음악을 반복적으로 들려주면, 이들의 과잉 행동이 줄어들고 자세가 안정되어 가는 것을 관찰할 수 있다. '골전도로 들려주는 저주파 음악'이 전정 기관에 충분한 에너지를 줌으로써 과잉 행동을 줄어들게 만드는 것이다.

'저주파 음악이어야 하는 이유'는 전정 기관이 주로 1,000Hz 이하의 낮은음에 반응하기 때문이다.

'골전도로 들려주어야 하는 이유'는 음악으로 전정기관에 충분한 소리 에너지를 전달하기 위해서이다. 해부학적 구조상 중이를 통과해 들어오는 공기전도 소리 에너지의 대부분은 와우(달팽이관)에 전달되고, 상대적으로 소량의 공기전도 소리 에너지만 전정기관으로 전달된다. 따라서 공기전도 소리로 전정기관에 충분한 자극을 주려면 아주 큰 볼륨의 소리여야 한다. 그런데 과도하게 큰 볼륨으로 소리를 들려주면 와우의 유포세포가 손상되어 청력이 손상된다. 음악을 이용해 전정기관의 기능을 향상시키려는 목적으로 청각 훈련을 하다가 오히려 청력의 영구 손실이라는 큰 장애를 입을 수 있는 것이다.

내이의 해부학적 구조를 다시 살펴보면, 전정기관은 와우(달팽이관)와 연결되어 있으면서 두개골 뼈에 견고하게 묻혀있다. 이런 구조적 특성상 골전도 헤드폰으로 내이 구조물이 묻혀있는 두개골 뼈에 소리 진동을 주면, 그 진동은 와우와 전정기관 속 림프액에 적은 에너지로 쉽게 진동을 만들 수 있다. 즉 골전도로 소리를 들려주면 와우 속 유모세포가 파괴되지 않을 정도의 작은 소리 에너지로도 전정기관에 충분한 소리 자극을 줄 수 있는 것이다. 이러한 이유로 음악을 이용해 전정기관을 훈련시키기 위해서는 '골전도'로 저음이 풍부한 음악을 들려주어야 한다.

다시 정리하면 중이를 거쳐 내이로 들어가는 공기전도 소리 에너지는 해부학적 구조상 대부분 와우로 들어가고, 전정계로 들어가는 소리 에너지의 양은 상대적으로 아주 적다. 따라서 공기전도 소리로 전정계에 많은 자극을 주기 위해서는 공기전도 소리의 음량을 과도할 정도로 크게 해야 하는데 그러면 달팽이관의 유모세포가 파괴되어 청력이 손상될 수 있다.

그러므로 중력이나 몸으로부터 들어오는 전정계 자극이 부족한 사람에게 음악을 이용해 전정계 훈련을 시키려면 저음으로 만들어진 음악을 반드시 '골전도' 헤드셋을 통해 들려주어야 한다. 저음이 풍부한 음악을 골전도로 들려줌으로써 달팽이관에 손상을 주지 않고 전정 기관에 큰 소리 에너지로 자극을 줄 수 있다. 골전도 헤드셋을 이용하여 최대한 저음으로 구성된 음악을 선택해서 전정자극을 갈망하는 ADHD 아이들에게 들려주면, 충분한 전정자극이 될 것이다.

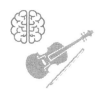

자폐스펙트럼장애의
청각인지

　자폐스펙트럼장애의 진단은 행동적으로 정의된 임상 증상을 식별하고 보고하는 것을 기반으로 이루어진다. 2019년 자폐스펙트럼장애 유병률은 아이 54명 중 1명꼴로 상당히 높은 편이다.

　자폐스펙트럼장애의 증상은 3세 이전부터 의사 표현이나 소통이 부족하고, 어머니와의 애착 행동이나 다른 사람들과의 놀이에 대해 관심이 저조한 양상으로 나타난다. 또 3세 이후에는 또래에 대한 현저한 관심 부족, 같은 행동을 반복하는 상동증, 놀이 행동의 심한 위축, 인지 발달의 저하 등이 함께 나타난다.

　자폐스펙트럼장애는 언어와 의사소통 장애, 사회적 상호작용 부족, 기분과 정서의 불안정성을 보이기도 한다. 대개 지적 장애도 동반하는데 자폐스펙트럼장애 환자의 75%가 지적 장애가 있으며, 공격성이나 파괴적 행동을 보이는 경우도 있다.

　자폐스펙트럼장애는 다학제 접근의 통합적 치료가 필요하다. 사회적 상호작용을 향상시키기 위해서 언어 치료 및 놀이 치료, 행동 치료 등을 해주어야 한다. 또 과잉 행동, 상동 행동, 자해적 행동 등에는 인지행동치료뿐 아니라 약물치료가 필요하다.

여러 가지 치료 가운데 가장 기본이 되고 중요한 치료는 언어 치료이다. 언어 발달이 뒷받침되어야 인지행동 치료나 사회적 기술 훈련 같은 여타의 치료도 효율적으로 이루어질 수 있기 때문이다. 의사소통의 어려움이 자폐스펙트럼장애 환자의 주된 문제이므로, 언어치료를 통해 의사소통의 질이 향상되는지 여부가 치료 효율을 결정하기도 한다.

자폐스펙트럼장애 환자들을 관찰해보면 감각이 아주 예민한 경우를 많이 볼 수 있는데 특히 청각에 과도한 예민성을 보이는 경우가 많다. 이들의 청각이 과민한 원인은 대개 소리가 청각계로 들어올 때 공기전도보다 골전도로 과도하게 많이 들어와 골전도가 공기전도를 압도하기 때문이다.

미국 어느 조용한 시골 마을의 철길 옆에 사는 자폐스펙트럼장애 아이가 있었다. 이 아이는 기차가 전혀 보이지 않는 상태에서도 몇 분쯤 후에 기차가 도착할지를 미리 알 수 있었다. 심지어 기차가 10분 후에 도착하리라는 것도 알 정도였다. 사람이 몇 십 킬로미터 떨어진 곳에 있는 기차의 소리를 들을 수 있다는 것은 불가사의해 보인다. 이런 일이 가능한 이유는 그 아이의 민감하고 과도

한 골전도 탓이었다고 생각된다. 멀리서 달려오고 있는 기차의 진동이 레일에 전달되고, 레일의 진동이 아이가 있는 지점까지 전달되면 지면에 진동을 일으킨다. 아이는 자신이 있는 곳의 지면에서 나오는 진동을 몸으로 감지하여 골전도를 통해 듣는 것이었다.

이런 능력이 얼핏 보면 신기하고 놀라운 초능력으로 보일 수도 있겠지만 아이는 바로 그 놀라운 능력 때문에 일상생활이 힘들고 괴롭다. 과도한 골전도 때문에 너무나도 많은 청각 자극이 전혀 걸러지지 않은 채 두뇌로 입력되기 때문에 정작 의사소통에 필요한 말소리를 제대로 들을 수 없는 것이다. 그러니 다른 사람들과의 의사소통도 어려울 수밖에 없다. 세상에 존재하는 거의 모든 소리로부터 공격을 받는 상태나 다름없기 때문에, 이 아이는 매일매일 소리와 전쟁을 하면서 살아가게 된다. 따라서 아이는 항상 불안과 긴장 속에서 자신만의 보호막을 치고 살지 않으면 견딜 수가 없는 상태가 되어 외부와 소통을 차단하고 자신만의 세상 속에 갇혀 살게 된다. 이름을 불러도 반응하지 않는 자폐스펙트럼장애 환자가 외부에서 들리는 소리를 차단하기 위해 항상 자기 목소리로 의미 없는 소리를 만들어 내고 있는 경우를 종종 볼 수 있다.

청각 과민이 있는 자폐스펙트럼장애가 있는 사람들은 평범하고 일상적인 언어생활이 불가능하다. 이러한 어려움이 낮은 지능 때문이기도 하지만, 골전도가 과도한 상태일 때 무시해야 할 소리를 제거하지 못해서 상대방의 말소리를 정확히 들을 수가 없기 때문일 수도 있다. 또 언어 능력의 부족은 지능을 낮게 만들 수도 있다.

공기전도가 청취의 주된 경로이어야 상대방의 말을 들을 때 소리가 중이를 거치는 과정에서 말소리 이외의 다른 소리를 걸러내고 말소리 성분의 소리를 증폭시커서 듣게 된다. 그런데 골전도가 청취의 주된 경로인 경우, 소리가 중이를 거치지 않고 곧바로 내이로 전달되기 때문에 소리의 전달 과정에서 중이가 제대로 기능을 하지 못한다. 이렇게 소리 전달 과정에서 중이가 역할을 못하면 말소리 이외의 소리를 제거하고 말소리 성분의 주파수대에 속하는 소리들을 증폭시키는 중이의 중요한 역할을 듣기 과정에서 기대할 수 없게 된다. 즉, 중이의 역할이 없어서 말소리를 정확히 인지하기가 어렵게 되는 것이다.

자폐스펙트럼장애 아이들은 청취의 주된 경로가 골전도이기 때문에 중이의 불필요한 소리 제거 및 말소리 증폭 효과가 작동될 수 없다. 따라서 말소리를 제대로 인지할 수 없어 정상적인 언어 발달을 이룰 수 없게 되는 것이다.

앞에서도 언급한 바와 같이 언어의 발달 과정은 말하기보다 듣기가 먼저이고, 정확한 말소리 듣기의 선행 조건은 소리의 미세한 차이를 구별할 수 있는 청각인지 능력이다. 정확한 청각인지 능력을 통해 말소리의 미세한 차이를 정확히 인지하고, 정확히 인지된 말소리를 바탕으로 구어 단어를 기억 속에 저장하고 있다가, 대화

할 때 내가 하고자 하는 말을 적절하게 기억 속에서 꺼내 말할 수 있는 것이다.

대부분의 자폐스펙트럼장애 아이들은 언어치료를 필요로 한다. 그런데 이들은 골전도가 공기전도를 압도하고, 청각이 과민하여 소리를 정확히 들을 수 없는 상태에서 언어치료를 받게 된다. 이는 언어치료의 효과가 잘 나타나기 어려운 조건이다. 많은 시간과 비용을 들여 언어치료를 하는데도 불구하고 호명 반응을 이끌어 내기도 힘들고, 아이의 입에서 '엄마'라는 단순한 단어 하나가 나오기도 어렵다. 이때 언어치료와 더불어 과도한 골전도를 약화시켜 주는 훈련으로 골전도의 과민성을 낮춰준다면, 그렇게 해서 공기전도가 청취의 주된 경로가 된다면 언어 발달은 훨씬 가속화될 수 있다.

청각인지를 향상시키는
훈련법

    감각 자극에 대한 인지 능력은 반복적으로 자극을 경험하면서 점차 발달한다. 소리 자극에 대한 청각인지 능력도 살아가는 환경 속에 존재하는 소리를 반복적으로 듣는 경험을 통해 발달하게 된다. 그런데 비슷한 환경 속에서 살아가는데도 불구하고 개개인의 청각인지 능력에는 많은 차이가 있다. 청각인지 능력이 뛰어난 사람이 있는가 하면, 많이 부족한 사람이 있는 것이다.

    청각인지 능력이 부족한 사람은 대개 언어 발달이 느리다. 학교에서 지식을 습득하기 위해서는 눈으로 책을 읽으면서 귀로 강의를 들어야 한다. 즉 보고 듣고 배우는 것이다. 그런데 언어 발달이 느린 아이는 동급생들에 비해 설명을 듣고 이해하는 능력이 부족하기 때문에 배우는 것이 더디고 어렵다. 청각인지 능력 부족이 언어 능력 부족으로, 언어 능력 부족이 학습 능력 부족으로 이어져 결국 공부를 잘하기 어려운 것이다.

이러한 어려움을 겪는 학생들의 학습 능력을 향상시키기 위해서는 결국 청각인지 능력을 향상시켜주는 훈련 외에는 방법이 없다. 성장환경에서 자연스럽게 발달해야 할 청각인지 능력이 덜 발달되었다면 인위적이고 의도적인 훈련이 필요할 수밖에 없는 것이다.

청각인지 능력을 향상시키기 위해서는 소리가 전달되는 과정에서 필요 없는 소리는 걸러내고, 필요한 소리는 증폭시키는 중이의 기능이 강화되어야 한다. 여기에 더불어 청각 신경계의 뉴런들이 정확한 소리 인지 능력을 획득하는 데 최대한 효과적으로 작용하는 소리 자극이 강하게 반복적으로 주어져야 한다. 즉, '중이 기능 강화'와 '청각 뉴런의 정보 처리 기능 강화'가 핵심이다.

이를 위해서는 특별히 고안된 청각 훈련 도구를 사용하거나 음악 훈련을 통해서 특별한 자극을 주어야 한다.

도구를 이용한 청각인지 향상 훈련은 다음과 같은 조건들이 전제되어야 한다. 또 훈련에 투자한 시간 대비 최대의 효과를 얻을 수 있어야 한다.

1. 청각 뉴런들이 소리의 높낮이 인지를 잘할 수 있게 만들어야 한다.
2. 청취 시 골전도에 압도되지 않도록 만들어 줌으로써 공기전도가 청취의 주경로가 되게 해야 한다.
3. 골전도와 공기전도의 소리 전도 속도 차이를 조화롭게 인지할 수 있게 해야 한다.

4. 소리가 나는 위치를 잘 찾을 수 있게 해야 한다.

5. 청각인지에 관여하는 뉴런들이 최대로 자극을 받을 수 있게 해야 한다.

6. 적절한 발성을 훈련할 수 있도록 해야 한다.

이제 각각의 요소들에 대해 알아보자.

1. 청각 뉴런들이 소리의 높낮이 인지를 잘할 수 있게 만들어야 한다.

대뇌 일차 청각영역의 뉴런들은 각각 특정 주파수 영역대의 소리에만 반응한다. 어떤 뉴런은 100Hz 소리에 반응하고, 다른 어떤 뉴런은 2,000Hz에 반응하며, 또 다른 어떤 뉴런은 8,000Hz에 반응하는 것이다. 그런데 어떤 특정 주파수 영역대의 소리에 반응해야 할 뉴런들이 제대로 반응하지 못하면 소리의 높낮이를 구분하는 데 어려움이 생긴다. 소리의 높낮이를 정확히 구분하지 못하는 사람을 우리는 음치라 부르는데, 음치인 사람들은 노래를 잘 못 부를 뿐만 아니라 말소리를 정확히 듣는 데에도 어려움이 있을 수 있다.

구어 언어를 구성하는 소리들은 음소들의 높낮이 특성과 말소리 속에 들어있는 시간적 요소, 그리고 강약이라는 리듬적 요소를 지니고 있다. 언어를 습득하기 위해서는 먼저 말소리의 음절을 정확히 듣고 인지해서 말소리를 따라할 수 있어야 한다. 그리고 음절보다 더 작은 소리의 단위인 음소들을 음절 안에서 인지할 수 있어야 더 정확한 발음으로 말할 수 있게 된다.

음절을 구성하는 음소들은 상대적으로 서로 다른 높낮이를 가지고 있다. 그래서 소리의 높낮이 차이를 구분하지 못하는 사람은 말소리를 음소 단위에서 정확히 인지하는 데 어려움이 있을 수 있고, 이는 곧 단어별 듣기가 부정확한 문제와 말할 때와 소리 내어 읽을 때 발음이 정확하지 않은 문제를 초래한다. 결국, 언어와 읽기 발달의 어려움으로 이어질 수 있는 것이다.

정확하게 말소리를 인지하지 못해서 상대방의 말을 정확히 알아듣지 못하는 사람은 말할 때 발음이 부정확하다. 말소리의 부정확한 인지로 인해 저장된 말소리 자체가 정확하지 않기 때문에 발성 기관으로 정확한 말소리를 만들어 내는 것이 불가능하다. 구어 단어의 소리가 부정확한 소리로 기억 속에 저장되고, 이 부정확하게 저장된 구어 단어를 발성 기관으로 구현하는 셈이 된다. 이런 사람에게 소리의 높낮이 인지 능력을 향상시켜 준다면 발음이 정확해질 수 있을 것이다.

그러면 소리의 높낮이 인지 능력을 향상시키는 방법에 대해 생각해 보자.

인간의 뇌는 '신경가소성(Neuronal Plasticity)'이라는 특별한 성질을 지니고 있다. 신경가소성이란 감각 기관을 통해 강하고 반복적인 자극이 들어가면 뇌의 기능성 연결이 만들어지면서 신경회로가 형성되고 뇌의 구조가 변하는 신경계의 고유한 특성이다.

소리의 높낮이 구분을 잘 하기 위해서는 청각 정보를 담당하는 뉴런들이 각기 자기가 담당하는 주파수의 소리에 반응해서 제 역할을 해야 한다. 음치는 소리를 들을 때 자기가 담당하는 주파수의 소리가 들어와도 청각뉴런들이 음높이를 알지 못해서 적절하게 반응을 못하는 것이다. 일차 청각 영역 뉴런들의 음높이 구별 능력이 부족하여 음치 상태인 사람에게 고음만, 저음만, 또는 중간 높이의 음만을 추출해서 특정 주파수 영역대의 소리만을 들려주는 훈련을 강하게 반복적으로 시키면, 신경가소성에 의해 그 사람의 음높이 인지 능력을 향상시킬 수 있다. 자신이 담당해서 반응해야 할 음높이를 모르고 있는 청각 뉴런에게 그 뉴런이 담당해야 할 음높이의 소리를 반복적으로 강하게 들려주면, 신경가소성에 의해 그 뉴런은 자신이 담당하는 음높이의 소리에 반응하도록 변화할 수 있다. 이런 식으로 청각 훈련을 반복하면, 음치인 사람의 모든 청각 뉴런들이 각자 자기 음높이의 소리에 반응하게 되고, 그 사람은 음치 상태를 벗어나게 될 것이다.

음높이 인지 능력의 향상을 위해서는 주파수 범위가 아주 넓은 모차르트의 교향곡 같은 음원에서 특정 주파수 영역대의 소리만을 추출하도록 특별히 고안된 도구를 이용해 훈련할 수도 있고, 도구 없이 훈련 메커니즘에 맞는 음원을 찾아 고음으로만 이루어진 음악과 저음으로만 구성된 음악을 교대로 듣게 하는 방식으로 훈련할 수도 있다.

청각 훈련 도구의 중요한 조건은 음원에서 나오는 소리의 여러 주파수 성분 가운데 특정 주파수 영역대의 소리를 제거하거나 강화시켜, 듣고자 하는 특정 주파수 영역대의 소리만을 추출해서 들을 수 있게 해 주어야 한다는 점이다. 들으려고 하는 특정 주파수대의 소리만 남기고 나머지 주파수 영역대의 소리는 모두 제거하는 필터링(Filtering) 기능이 필요하다.

또한 이때 사용될 음원은 폭넓게 풍부한 주파수 영역대의 소리로 구성되어 있어야만 한다. 그렇지 않으면 음원을 필터링했을 때 훈련에 필요한 주파수 영역대의 소리가 없을 수도 있다. 효과적인 훈련을 위해서는 음원의 선택을 잘 해야 한다. 만약 청각 훈련 도구를 이용하여 고음만을 들려주려고 한다면, 음원에서 고음만 남기고 저음과 중음을 모두 제거해야 할 것이다. 그런데 음원이 저음으로만 구성되어 있는 곡이라면, 도구를 작동시켰을 때 음원에 있던 소리가 다 걸러져 남은 소리가 없기 때문에 아무 소리도 들리지 않을 것이다. 이런 문제가 발생하지 않으려면 주파수 영역대가 가능한 한 넓은 음원이어야 한다.

언어를 구성하는 대부분의 소리는 고주파이고, 인간 달팽이관의 유모세포는 무려 80%가 고음을 담당한다. 달팽이관의 유모세포와 그에 연결된 청각신경계는 언어의 소리를 처리하기에 적합하게 맞춰져 있는 것이다. 그러므로 말소리 정보 처리에 도움을 주기 위해서는 고음의 자극을 많이 주어야 한다. 그래야 고음을 처리하는 뉴런들이 많은 자극을 받아 활성화될 것이기 때문이다.

실제 청각 훈련 도구를 이용하여 음의 높낮이 인지 훈련을 할 때는 제거된 소리 없이 원음 그대로를 들려주었다가, 저주파 소리만 들려주었다가, 고주파 소리만 들려주기도 한다. 특정 주파수 영역대의 소리만을 골라서 교대로 들려주는 것이다. 이때 청각 뉴런들이 적응할 시간이 필요하기 때문에 주파수 영역대에 점진적으로 변화를 줄 필요가 있다. 저주파 영역대의 소리를 점점 더 많이 제거하고, 고주파 영역대의 소리를 점점 증폭시키면서 음악을 들려주는 방식이다. 청각 뉴런들이 주파수 변화에 적응하고 난 후에는 아주 고음의 음악과 아주 저음의 음악을 30분씩 3대 1의 비율로 교대로 들려준다. 또한 고주파 영역대의 소리를 제거하고 저주파 영역대의 소리를 강화시키기도 하고, 고주파 영역대의 소리와 저주파 영역대의 소리를 제거하고 언어를 구성하는 주파수 영역대인 중주파 영역대 소리를 강화시키기도 한다.

전문적인 훈련 도구를 쓰지 않고 일반적인 음악을 이용해 청각 뉴런의 높낮이 인지 능력을 향상시키기 위한 훈련을 하려면 목적에 맞게 음원을 골라 선택적으로 들려주면 된다. 극단적으로 고음만 풍부하거나 극단적으로 저음만 풍부한 음원을 선택하여 특정 주파수대 소리 인지를 향상시키기 위한 훈련을 하는 것이다. 그러나 이 방법은 음치인 훈련 대상자에게 들려주어야 할 특정 주파수 영역대의 소리만 포함하고 있는 음원을 찾기가 매우 어렵기 때문에 훈련의 효율이 떨어질 수밖에 없다.

2. 청취 시 골전도에 압도되지 않도록 만들어줌으로써 공기전도가 청취의 주경로가 되게 해야 한다.

소리를 듣는 주된 경로가 공기전도일 때는 청각 과민 증상도 없고, 말소리를 정확히 들을 수 있다. 반면 청각이 과민하면서 소리를 듣는 주된 경로가 골전도인 사람은 골전도에 압도되어 대화 시 상대방의 말소리를 정확히 듣기가 어렵다. 이렇게 공기전도에 비해 골전도가 과도하게 활성화된 사람은 대개 중이 등자근의 기능이 부족하거나 이소골의 연결 부위가 경화되어 이소골 연결 부위 움직임이 나쁘기 때문에 과도한 골전도에 시달리게 된다.

중이의 기능은 고막에 도달한 여러 주파수의 공기전도 소리를 지렛대 움직임과 비슷한 망치뼈, 모루뼈, 등자뼈의 움직임을 통해 시간적 순서에 따라 내이로 전달하는 것이다. 소리는 시간에 따른 함수이고, 자연계에 존재하는 소리는 단일 주파수 성분의 소리가 거의 없다, 우리가 듣는 거의 모든 소리는 여러 주파수가 섞인 복합음이다. 말소리들도 복합음이고 말소리의 최소 단위인 음소들은 말소리 속에서 각각 특정 높낮이를 가지고 있다. 말소리를 들을 때 주파수 성분은 같지만 각 주파수 성분의 순서를 다르게 해서 만든 소리들을 듣는다면, 우리는 그 각각을 전혀 다른 소리로 인식한다.

그런데 소리가 중이를 통과하는 과정에서 중이 등자근이 너무 굳어 있으면 망치뼈, 모루뼈, 등자뼈의 지렛대 운동이 원활하지 않고, 동시에 움직임이 없는 망치뼈, 모루뼈, 등자뼈는 원래의 기능인 공기전도로 소리 에너지를 시간적 순서에 맞게 빨리 반응해서 전달하지 못한다. 입력되는 소리에 대한 이소골의 움직임 반응 속도가 전달해야 할 소리들의 속도를 따라가지 못하는 것이다. 결국은 소리가 중이를 통과할 때 이소골의 움직임이 없는 것처럼 되어 이소골을 통해 공기전도가 일어나지 않고 골전도가 일어나게 된다. 즉, 골전도로 달팽이관에 소리 에너지를 전달하게 되는 것이다.

이렇게 되면 주파수가 다른 여러 종류의 소리들이 빠르게 연속해서 들어오고 있는 상황에서 앞에 들어온 소리의 주파수와 뒤이어 들어오는 소리의 주파수가 섞여, 소리를 명확하게 인지하기가 어려워진다. 시간상 앞뒤로 들어오고 있는 소리들의 주파수가 섞이게 되고, 이로 인해 소리를 들을 때 명확하지 않아 뭉개지는 소리로 들리는 것이다.

※ 극도의 저주파 음악과 고주파 음악을 교대로 들려주면 중이 등자근을 훈련시킬 수 있다. 그리고 중이 등자근이 훈련되면 중이의 기능을 향상시킬 수 있다.

고막과 망치뼈, 모루뼈, 등자뼈 등으로 구성된 중이는 여러 주파수의 소리들을 교대로 전달하는 역할을 한다. 이때 중이 등자근이 너무 굳어 있어서 근육의 수축과 이완이 빠르게 이루어지지 않으면, 중이 이소골들의 움직임이 원활하지 않게 되고, 그러면 여러 가지 주파수 영역대의 음소들로 구성된 말소리를 음소별 높이에 따라 교대로 빠르게 달팽이관에 전달하기 어렵다. 결국 상대방의 말소리를 정확하게 인지하는 것이 어렵다.

중이 등자근이 굳어 있는 사람은 등자근 운동을 해서 근육 기능을 향상시켜야 소리를 정확히 들을 수 있다. 문제는 중이 등자근이 팔다리 근육처럼 마음대로 움직일 수 있는 수의(隨意)근이 아닌 불수의(不隨意) 근육이라는 것이다. 그러므로 등자근의 수축과 이완 훈련은 특별히 고안된 훈련 도구를 이용할 수밖에 없다.

소리의 공기전도 과정에서 아주 낮은 음역대의 음악을 들려주면 고막의 진동 폭을 크게 만들 수 있어, 등자근을 충분히 스트레칭시킬 수 있다. 충분한 스트레칭 훈련은 등자근을 탄력 있고 유연성 있게 만든다. 반대로 아주 높은 음역대의 음악을 들려주면 고막의 진동 폭을 작고 빠르게 만들 수 있고, 이때는 등자근의 민첩성을 끌어올려 순발력 있는 등자근을 만들 수 있다.

다시 한번 정리하면, 아주 낮은 음과 아주 높은 음을 교대로 들려주면 굳어 있는 중이 등자근이 충분히 스트레칭되기도 하고, 빠르게 움직이기도 하면서 등자근의 순발력과 운동 능력이 좋아질 수 있는 것이다. 등자근의 운동 능력 향상은 중이 이소골의 지렛대 움직임을 좋게 만들 수 있고, 이소골의 움직임이 좋으면 소리 전달을 정교하게 할 수 있으므로, 결국 말소리를 정확히 들을 수 있게 해 주는 기초가 된다.

3. 골전도와 공기전도의 소리 전도 속도 차이를 조화롭게 인지할 수 있게 해야 한다.

골전도는 공기전도보다 빠르게 내이(달팽이관)에 전달된다. 태아기에 청각계가 만들어지면서 소리를 처음으로 인지하기 시작했을 때를 생각해 보자. 태아 때는 양수 속에 잠겨 있는 상태이므로 청각신경계가 처음 만들어져 기능하기 시작하는 임신 20주의 태아는 소리를 골전도로만 듣는다. 그러다가 출생 후에는 양수 속의 생활을 끝내고 공기 속에서 살게 되므로 소리를 골전도로 듣기도 하지만 동시에 공기전도로 듣는다. 태아 때는 골전도로만 소리를 듣다가 태어나면서부터는 소리를 듣는 주된 경로가 공기전도로 바뀌는 것이다.

소리가 전도되는 속도는 골전도가 공기전도보다 빠른데, 소리 진동을 전달하는 매질의 차이 때문이다. 이러한 골전도와 공기전도의 소리 전달 속도 차이 때문에 소리가 발생했을 때 골전도 소리가 청각신경계에 먼저 도달한 후에, 시간차를 두고 공기전도 소리가 뒤이어 들어온다. 그런데 두뇌는 그 시간차를 인지하지 못하고 하나의 소리로 인지한다. 공기전도와 골전도의 시간차가 너무 작기 때문일 수도 있고, 또 다른 이유로는 신경계 발달의 결과일 수도 있다. 신경계는 나이가 들면서 점점 더 기능이 향상되는 방향으로 발달한다. 인간 청각신경계의 주요 역할은 구어 언어 기능을 수행하는 것이다. 그런데 말소리가 골전도와 공기전도의 전달 속도 차이 때문에 돌림노래처럼 들린다면 정확히 인지하는 데 불리할 것이다. 그래서 출생 시에는 신경계가 한 음원의 소리를 두 개의 소리로 인지하다가, 청각신경계가 소리를 점점 더 명료하게 듣는 방향으로 발달하면서 골전도 소리와 공기전도 소리를 하나의 소리로 인지하게 되는 것일 수도 있다.

신생아가 소리를 명료하게 듣기 위해 청각신경계가 발달하는 과정을 생각해 보자.

출생 직후 신생아가 소리를 들을 때, 골전도와 공기전도의 소리 전달 속도 차이로 인해 두뇌 청각 영역에는 골전도 소리가 먼저 들어오고, 이어서 공기전도 소리가 들어오게 된다. 메아리처럼 연이어 들어오므로 신생아는 소리를 선명하게 들을 수 없을 것이다. 신생아에게 소리가 선명하게 들리는지 여부를 물어볼 수는 없으므로 추측이기는 하지만, 선명하게 들리지 않을 가능성이 높은 이유는 다음의 신생아 관찰 소견으로 설명할 수 있다.

발달의 과정에서 신생아의 청각 뉴런들은 골전도와 공기전도의 소리 전달 속도 차이로 인해 두뇌로 전달되는 소리가 마치 돌림노래나 에코 효과가 들어간 소리 같을 것이다. 그러다가 청각신경계의 뉴런들이 점점 더 선명하게 소리를 인지하는 쪽으로 발달되어 골전도와 공기전도의 시간 차이가 없게 두 소리를 동기화시킨다. 신생아는 성장하면서 골전도와 공기전도의 전도 속도 차이 때문에 선명하게 소리를 듣기 어려웠던 문제를 극복하게 되어 결국 시간 차이가 없는 깨끗하고 선명한 소리를 인지하게 될 것이다.

이러한 추론은 신생아의 언어 발달 과정에서 언어권에 관계없이 아이가 첫 번째로 하는 말이 '마마', '파파' 등과 같은 비슷한 소리의 반복인 이유를 찾는 과정에서 나왔다. 말이 트이는 첫 번째 단어가 같은 소리의 반복인 것은 출생 초기에 겪게 되는 골전도와 공기전도의 시간차로 인한 청각인지 통합의 문제 때문이라고 설명하기도 한다.

언어 지연이나 난독증이 있는 아이들뿐 아니라 대부분의 발달 장애 아이들은 소리를 선명하게 듣지 못하는 모습이 관찰된다. 이런 현상의 원인은 여러 가지이겠지만 청각인지 발달 과정에서 공기전도와 골전도의 소리 전달 시간차 보정의 발달이 완전히 이루어지지 못해서일 수도 있다. 그렇다면, 골전도 소리와 공기전도 소리의 시간차 보정에 대한 인지 발달이 불완전한 사람에게 신생아 때 겪었어야 할 청각인지 보정의 발달 과정을 처음부터 다시 경험하게 해준다면, 소리를 선명하게 듣도록 만들 수 있을 것이다.

이러한 훈련을 하기 위해서는 특별히 고안된 청각 훈련 도구를 이용한다. 훈련은 골전도 장치와 공기전도 장치가 같이 설치된 특수 헤드셋을 사용하고, 음원에서 나오는 음악 소리를 골전도 소리가 공기전도 소리보다 먼저 나오도록 조작하여 들려주는 방식으로 진행한다. 마치 청각신경계 발달 초기에 청각뉴런들이 경험했던 것처럼 같은 음원에서 나오는 소리지만 골전도와 공기전도의 시간차를 많이 주어 두 개의 소리가 각각 뚜렷하게 들리도록 조작하여 골전도 소리와 공기전도 소리를 명확하게 구분될 수 있게 들려준다. 그리고는 20시간에 걸쳐 점진적으로 골전도와 공기전도 소리의 시간차를 줄여가다가 20시간 후부터는 골전도와 공기전도 소리의 시간차를 없애고 음악을 들려준다.

이렇게 하면 청각신경계가 신생아 때 겪었던 발달의 과정을 초기부터 다시 겪게 할 수 있고, 신생아 때 제대로 발달하지 못한 청각신경계에 발달할 수 있는 기회를 다시 한번 만들어 줄 수 있는 것이다. 훈련이 성공적으로 이루어지면 출생 후 제대로 발달하지 못했던 청각신경계가 골전도 소리와 공기전도 소리를 시간차 없는(에코 없는) 하나의 소리로 명료하게 통합해서 인지할 수 있게 된다. 어릴 때 발달 과정에서 당연히 형성되었어야 할 청각인지 통합이 제대로 이루어지지 않은 사람에게 다시 한번 강도 높고 확실하게 그 과정을 겪게 함으로써 청각인지 통합을 이루어낸다고 할 수 있겠다.

4. 소리가 나는 위치를 잘 찾을 수 있게 해야 한다.

우리는 소리를 들으면서 소리가 나는 방향을 알고 위치를 찾을 수 있다. 소리가 발생한 음원의 위치를 빠르고 정확하게 알아내는 능력은 사람마다 차이가 있다. 음원의 위치를 빠르고 정확하게 인지하는 능력이 좋을수록 소리를 정확히 들을 수 있고 생활 속에서 일어날 수 있는 사고를 피하기에도 유리하다.

100명의 오케스트라 단원을 지휘하는 지휘자는 불협화음이 발생하면 이를 바로잡기 위해 어느 파트에서 누가 어떻게 틀렸는지를 즉각 알아채야 한다. 바이올린 파트가 틀렸는지, 관악기 파트가 틀렸는지, 타악기 파트가 틀렸는지를 알아야 할 것이고, 바이올린이 틀렸다면 1번 바이올린이 틀렸는지, 2번 바이올린이 틀렸는지, 3번 바이올린이 틀렸는지까지 정확히 알아야 잘못된 연주를 바로잡을 수 있다. 그런데 소리가 나는 위치를 정확히 인지하지 못한다면 지휘자는 어느 파트에서 누가 잘못하고 있는지 몰라서 불협화음을 수정할 수 없고, 결국 오케스트라는 훌륭한 연주를 할 수 없다.

소리가 나는 음원의 위치를 잘 파악하지 못하는 사람은 사고에 노출될 가능성도 높다. 예를 들어 사거리 형태의 골목길을 걸어가면서 좌회전하기 위해 왼쪽 모퉁이를 돌려고 하는데, 당장 눈에 보이지는 않지만 맞은 편에서 자동차가 오고 있어서 모퉁이를 도는 순간 보행자와 자동차가 충돌할 상황이라고 가정해 보자. 이때 오고 있는 자동차가 눈에 보이지는 않지만 엔진 소리를 듣고 자동차의 현 위치와 자동차가 움직이는 방향을 빠르고 정확하게 인지할 수 있다면 교통사고를 피할 수 있을 것이다. 이렇게 소리가 나는 음원의 위치를 인지하는 능력은 중요한 생존 능력이다.

청각인지를 향상시키는 훈련 도구를 이용하면 소리의 위치를 파악하는 능력을 향상시킬 수 있다. 헤드셋을 이용하여 두 귀로 소리를 듣고 있지만, 돌비시스템과 같은 소프트웨어 기술을 동원하여 여러 방향에서 소리가 나는 것처럼 만들어 들려주는 방법으로 음원의 위치를 찾는 훈련을 시킬 수 있다.

또, 사람의 모형을 앉혀놓고 양쪽 귀 위치에 녹음용 마이크를 설치한 다음, 그 모형의 앞에서, 뒤에서, 좌우 옆에서 연주를 하여 각각 녹음한 음악을 헤드셋으로 들으면 소리의 위치가 계속 바뀌는 것처럼 들릴 수 있다. 이런 방식으로 녹음된 음악을 들려주면 소리가 나는 방향을 찾는 훈련이 될 수 있다.

어떤 방법을 이용하든 소리가 나는 위치를 잘 인지하지 못하는 사람에게 소리가 나는 방향을 예측할 수 없는 음악을 만들어서 들려주는 훈련을 하면 음원의 위치를 인지하는 능력을 향상시킬 수 있다.

5. 청각인지에 관여하는 뉴런들이 최대로 자극 받을 수 있게 해야 한다.

우리 뇌의 신경세포들은 전혀 예측하지 못한 자극이 들어왔을 때 가장 크게 반응한다. 뉴런은 어떤 자극이 처음 들어왔을 때는 강하게 반응하지만 연이어 동일한 자극이 반복되면 반응의 강도가 점차 약해진다. 익숙한 자극에는 반응의 정도가 약하거나 아예 무반응일 수도 있다.

예를 들어 직장인이 정기적으로 나오는 보너스를 받은 날 기분이 좋을 것이다. 그런데 갑자기 전혀 예상치 못한 보너스를 받는다면 예정된 정기 보너스를 받을 때보다 훨씬 기쁠 것이다. 이렇게 우리의 신경계는 예상하지 못한 자극을 받았을 때 강하게 반응한다.

신경계의 청각인지에 관여하는 뉴런들도 전혀 예측하지 못한 자극을 받으면 크게 반응한다. 다음 소리를 예측하고 들을 때보다는 무슨 소리가 나올지 예측하지 못한 상황에서 소리를 들었을 때 청각신경계가 더 크게 반응한다.

이와 같은 원리로 청각 훈련 도구를 이용하여 동일한 음원을 반복해서 듣더라도 매번 들을 때마다 예측할 수 없는 무작위 변화가 일어나게 만들어 준다면 청각신경계의 뉴런들은 최대로 반응을 할 것이고, 이는 청취 훈련의 효과를 극대화하는 결과가 될 것이다.

청각 훈련 도구는 음악이 출력될 때 무작위로 소리의 강약, 방향 등이 변화하도록 해주기 때문에, 아는 노래나 같은 음원을 가지고 반복 훈련을 하더라도 청각 뉴런들이 항상 새로운 음악을 듣는 것처럼 최대로 반응하게 만들 수 있다. 청취 훈련 효과를 극대화 시킬 수 있는 것이다.

6. 적절한 발성을 훈련할 수 있도록 해야 한다.

우리는 환경 속에서 주로 공기전도를 통해 소리를 듣는다. 골전도를 통해서 소리를 듣기도 하지만 상당히 적은 양이다. 그렇지만 누군가와 대화하면서 내 말소리를 내가 들을 때는 주로 골전도를 통해 듣는다. 상대방의 말을 들을 때는 공기전도를 통해 듣지만, 내 목소리는 주로 골전도를 통해 듣는 것이다.

말을 할 때, 언어 회로는 지금 하고 있는 말 다음에 해야 할 말을 리허설한다. 말하는 도중에 다음에 할 말을 떠올리는 것이므로 아주 짧은 시간 안에 리허설을 수행할 수 있어야 하고자 하는 말을 조리 있게 할 수 있다. 이 리허설의 과정은 자신이 말하는 소리가 양쪽 귀로 들어와 좌뇌에 있는 표현성언어영역과 수용성언어영역을 연결하는 언어 회로에서 일어난다. 그리고 해부학적 구조상 오른쪽 귀로 들어온 소리 정보는 주로 좌뇌로 가면서 일부만 우뇌로 가고, 왼쪽 귀로 들어온 소리는 주로 우뇌로 가고 일부만 좌뇌로 간다.

오른손잡이와 왼손잡이가 있듯이 귀도 오른쪽 귀를 주로 쓰는 오른귀잡이와 왼쪽 귀를 주로 쓰는 왼귀잡이가 있다. 누군가와 대화를 나누는 상황에서 오른귀잡이는 자신의 말과 상대방의 말을 주로 오른쪽 귀로 듣고, 그 말소리 정보를 곧바로 언어 회로가 있는 좌뇌로 보낸다. 왼귀잡이는 자신이나 상대방의 말을 주로 왼쪽 귀로 듣고, 그 말소리 정보를 우뇌로 보내고, 우뇌에 들어온 말소리 정보는 뇌량을 거쳐 좌뇌 언어 회로에 전달된다.

결국, 오른쪽 귀로 들어온 말소리는 왼쪽 귀로 들어온 말소리보다 더 빨리 언어 회로에 도달하게 된다. 오른귀잡이는 왼귀잡이보다 자신이나 상대방의 언어 정보를 더 빠르게 인지할 수 있는 것이다. 이런 해부학적 구조를 고려할 때, 오른귀잡이는 왼귀잡이보다 대화 시 상대방의 말을 빨리 듣고 이해하는 데에 유리하고, 자신이 말할 때는 말하면서 다음에 이어서 할 말의 리허설 시간에 여유가 생기기 때문에 말을 조리 있게 하는 데에도 유리할 수 있다.

오른귀잡이든 왼귀잡이든 자신의 말소리가 골전도를 통해 오른쪽 귀 달팽이관에 증폭되어 강하게 들어간다면 좌뇌 언어회로에 자신의 말소리 정보가 더 빨리 들어가기 때문에 자신의 말소리를 빠르게 인지하는 데 유리할 것이다. 만약 좌우뇌를 연결하는 뇌량의 정보 전달 기능이 아주 좋다면 어느 쪽 귀를 주 귀(Lead ear)로 쓰더라도 말소리 인지 속도에 차이가 없을 수도 있지만, 대부분의 사람은 오른쪽 귀를 주 귀로 사용할 때 언어 인지 속도가 빠르다.

청각 훈련 도구를 이용하면 오른쪽 귀를 주 귀로 쓰게 만들 수 있다.

특수 헤드셋을 사용하여 오른쪽 귀에 골전도 소리를 증폭시켜 듣게 하여 자기 목소리를 강하게 듣는 훈련을 반복적으로 해준다면 자신의 말소리를 더 잘 인지할 수 있게 될 것이다. 말을 할 때 자기가 무슨 말을 하고 있는지를 더 빠르고 명확하게 인식하게 되므로 언어 회로에서 자기가 하고자 하는 말의 리허설 시간이 늘어나면서 말을 조리 있게 할 수 있다. 헤드셋 우측에는 성능이 좋은 골전도 진동판(Bone conduction transducer)을 장착하여 마이크를 통해 자기 목소리를 강화된 골전도 소리로 듣게 한다. 이렇게 고안된 특수 헤드셋을 이용하여 자신의 말소리를 빠르고 정확하게 인지하고 조절하는 청취-발성 훈련을 하는 것이다.

이제까지 설명한 바와 같이 청각인지 능력을 향상시키기 위해서는 이 6가지 요소들이 전제된 훈련을 해야 한다. 귀의 해부학적 구조와 청각인지 경로를 고려하여 설계된 훈련 장비 없이 그저 생활 속의 소리를 듣기만 해서는 효과를 기대할 수 없다.

※ 오른쪽 귀를 주 귀로 만들기

오른손잡이와 왼손잡이가 있듯이 오른쪽 귀를 주로 쓰는 사람도 있고, 왼쪽 귀를 주로 쓰는 사람도 있다. 그런데 관습적인 이유 혹은 글씨 쓰기를 배울 때 혼동하는 문제 때문에 왼손잡이를 강제로 오른손잡이로 바꾸는 경우를 흔히 볼 수 있는 반면 왼귀잡이를 오른귀잡이로 바꾸는 경우는 거의 볼 수 없다. 특별히 바꿀 이유가 없다고 생각하기 때문일 것이다.

언어 회로가 좌뇌에 있기 때문에 오른귀잡이가 왼귀잡이에 비해 말소리 듣기를 조금이라도 빨리할 수 있다는 점에서 오른귀잡이가 언어 정보 처리에서 유리한 면이 있다. 그러므로 빠른 언어 정보 처리를 위해서 왼귀잡이를 오른귀잡이로 바꾸는 훈련을 할 필요도 있다.

청각 경로를 해부학적으로 보면 한쪽 귀로 들어온 소리는 양쪽 뇌의 청각 영역으로 전달된다. 오른쪽 귀로 들어온 소리는 주로 좌뇌와 연결된 경로를 통해 좌뇌 청각 영역으로 전달되는 동시에 우뇌와 연결된 경로를 통해 우뇌로도 전달되고, 왼쪽 귀로 들어온 소리는 주로 우뇌와 연결된 경로를 통해 우뇌 청각 영역으로 전달되는 동시에 역시 좌뇌로도 전달된다. 각각의 귀는 두뇌 양쪽 청각 영역에 모두 연결되어 있지만 주된 경로는 반대쪽 청각 영역이다. 그리고 대다수 사람들은 언어 회로가 좌뇌에 있다.

좌우 귀로 입력된 말소리 정보가 좌뇌 언어 영역에 도달하는 시간에는 차이가 있다. 말소리가 언어 영역에 도달하는 경로를 살펴보면, 우측귀로 들어온 말소리는 좌뇌 언어 영역에 먼저 들어가고, 왼쪽 귀로 들어온 말소리는 우뇌 청각 영역에 도달한 후 뇌량을 거쳐 좌뇌 언어 영역으로 들어간다. 경로상 왼쪽 귀와 오른쪽 귀로 들어온 말소리가 언어 영역에 도달하는 시간에 차이가 있는 것이다. 또 좌측 귀로 들어온 말소리가 우뇌를 거쳐 좌뇌 언어 영역에 도달하는 과정은 우측 귀로 들어온 말소리가 좌뇌 언어 영역에 직접 전달되는 과정보다 신경 경로가 길어서 신호 전달에 오류가 생길 확률도 높아질 수 있다.

다시 말해 오른쪽 귀로 들어온 말소리와 왼쪽 귀로 들어온 말소리는 좌뇌 언어 영역에 언어 정보가 도달하는 시간에 차이가 있고, 정확성의 정도에서도 차이가 있다. 따라서 오른쪽 귀로 들어온 말소리가 왼쪽 귀로 들어온 말소리보다 더 빠르고 정확하게 인지될 수 있다.

실제 말소리의 기본이 되는 '자음+모음'을 조합한 두 개의 음절을 양쪽 귀에 들려주고 정확히 인지했는지를 측정하는 양분 청취법(Dichotic Listening)을 시행했을 때, 오른쪽 귀로 들려준 소리를 더 잘 듣는 오른쪽 귀 장점(Right Ear Advantage)이 있다고 알려져 있다. 이런 사실들로 미루어 볼 때, 오른쪽 귀를 주 귀로 쓰는 사람은 왼쪽 귀를 주 귀로 쓰는 사람에 비해 말소리 인지의 속도와 정확성 면에서 유리할 수 있다.

신생아 시기에는 공기전도 소리와 골전도 소리의 전도 속도 차이 때문에 소리가 청각 영역에 도달하는 시간차를 하나로 통합해서 인지하는 청각신경계의 발달이 불완전해 소리가 메아리처럼 들릴 것이라고 추측된다. 이와 같은 원리로 오른쪽 귀로 들어온 말소리와 왼쪽 귀로 들어온 말소리는 좌뇌 언어 영역에 시간차를 두고 도달할 것이고, 따라서 이 또한 말소리를 메아리처럼 듣게 되는 현상을 발생시킬 것으로 생각된다.

양쪽 귀에서 들어온 말소리가 언어 영역에 도달하는 시간 차 때문에 말소리를 메아리처럼 듣던 신생아의 청각신경계는 성장하면서 말소리 듣기의 선명도를 높이는 방향으로 발달할 것이다. 언어 영역은 말소리 듣기의 선명도를 높이는 쪽으로 발달할 것이고, 언어 영역 신경계는 주 귀에 동기화될 것이다. 주 귀가 오른쪽인 사람의 언어 영역은 오른쪽 귀에 동기화될 것이고, 주 귀가 왼쪽인 사람은 왼쪽 귀에 동기화될 것이다. 즉, 언어 영역의 뉴런들이 주 귀에 동기화될 것이다.

주 귀가 왼쪽 귀라서 이 동기화가 왼쪽 귀에 맞춰진 사람은 주 귀가 오른쪽 귀인 사람에 비해 말을 알아듣는 속도가 느릴 것이다. 이는 주 귀가 왼쪽인 사람의 주 귀를 오른쪽으로 바꿀 수 있다면, 그 사람의 말소리 듣기 효율성이 좋아질 수 있다는 의미가 된다.

청각 훈련 도구를 이용하면 주 귀를 바꾸는 작업을 할 수 있다. 물론 주 귀를 바꾸는 일은 왼손잡이를 오른손잡이로 바꾸는 것 이상으로 어려운 일이다.

좌우 음량이 각각 조절되는 청각 훈련 도구를 이용하면 좌측 음량을 우측 음량과 똑같이 들려줄 수도 있고, 우측 음량에 비해 좌측 음량을 작게 들려줄 수도 있다. 이때 좌측 음량을 우측 음량에 비해 작게 주었다, 똑같이 주었다를 반복하면, 왼쪽 귀에 비해 오른쪽 귀에 불균형적으로 많은 자극을 줄 수 있다. 이렇게 불균형적으로 오른쪽 귀에 더 많이 치우친 청각 자극을 주면 왼쪽 귀를 주 귀로 쓰는 사람도 오른쪽 귀를 많이 쓰게 만들 수 있다. 오른쪽 귀에 자극을 많이 주는 훈련을 반복하면 오른쪽 귀가 주 귀에 가깝게 만들 수 있고, 오른쪽 귀가 주 귀에 가까워지면 말소리 인지 능력 향상에 도움이 될 수 있는 것이다.

리스닝에이블(청각 훈련 도구)

중추청각정보처리 능력을 향상시키기 위해 개발된 소프트웨어와 소프트웨어에 들어 있는 여러 가지 기능의 구현을 위해 고안된 특수 헤드셋으로 구성된 청각 훈련 도구이다. 소리의 미세 차이 구별 능력이 부족하거나 소음에 과민한 사람들의 문제를 해결하기 위해 스카이두뇌세움클리닉에서 자체적으로 개발하였다.

소프트웨어의 주된 기능은 음원의 소리를 조작하여 소리의 높낮이 인지 능력과 소리에 들어 있는 시간적 요소들(소리의 길이, 두 소리 사이의 시간 간격, 소리들 사이의 시간 길이 차이 등)의 인지 능력을 향상시키는 것이다.

하드웨어인 특수 헤드셋은 공기전도 소리와 골전도 소리가 하나의 헤드셋에서 출력되도록 만들어졌고, 이를 이용하여 발성하면서 자기 말소리를 명확하게 인지할 수 있게 하면서 동시에 공기전도 소리를 명료하게 인지하도록 훈련할 수 있다.

리스닝에이블의 장점

① 골전도 소리를 공기전도 소리보다 단계적으로 먼저 나오게 설정할 수 있도록 만들었다. 마치 청각계 발달의 초기에 청각계가 경험했던 것처럼 같은 음원에서 나오는 소리지만 골전도와 공기전도의 시간 차가 충분히 나게 조작하여 명확하

게 두 개의 소리로 들려주기 시작해서 점진적으로 골전도와 공기전도 소리의 시간차를 줄여, 마지막에는 골전도와 공기전도 소리의 시간차를 없게 하여 소리를 들려준다. 이렇게 하면 청각계가 발달의 과정을 초기부터 다시 겪게 할 수 있고, 이런 훈련을 통해 골전도 소리와 공기전도 소리를 시간차 없는 (에코 없는) 하나의 소리로 명확하게 통합해서 인지하게 만든다.

② 좌측 음량을 우측과 똑같이 들려줄 수도 있고, 우측 음량에 비해 좌측 음량을 10%씩 필요에 따라 점진적으로 작게 들려줄 수도 있다. 이렇게 좌측 음량을 우측 음량에 비해 작게 주었다 똑같이 주었다를 반복하면, 오른쪽 귀에 편향된 그리고 불균형적인 자극을 좌우 뇌 청각 영역에 주게 되면서 왼쪽 귀를 주 귀로 쓰는 사람도 오른쪽 귀를 많이 쓰게 되어(오른쪽 귀가 주 귀에 가까워지도록 하여) 말소리 인지 능력 향상에 도움을 준다.

③ 헤드셋 우측에 골전도 진동판을 설치하여 마이크를 통해 자기 목소리를 강화된 골전도 소리로 듣게 하여, 발성 훈련 시 자신의 말소리를 빠르고 정확하게 인지해서 발성을 조절하는 훈련에 도움 준다.

④ 같은 음원(혹은 아는 노래)을 가지고 훈련을 하더라도 청각신경계의 뉴런들이 항상 새로운 음악을 들은 것처럼 무작위로 소리의 변화를 주기 때문에 청각 자극에 대해 뉴런들이 최대로 반응하게 만들었다. 따라서 청취 훈련 효과를 극대화할 수 있다.

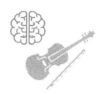

청각인지가 좋아지면
모든 것이 좋아진다

청각은 모든 감각의 기초가 되는 감각 중의 감각이라 할 수 있다. 임신 12주에 전정 기관이 만들어지고, 임신 20주에 와우가 만들어지면 태아는 소리를 들을 수 있게 된다. 다른 모든 감각 기관은 청각보다 늦게 만들어진다.

진화론적 관점에서 척추동물의 감각 기관을 생각해 보면 인간 발달단계에서 청각기관이 가장 먼저 만들어지는 이유를 짐작할 수 있다. 척추동물의 가장 하위 부류인 물고기에게도 인간의 청각기관과 유사한 구조의 옆줄이라는 감각기관이 있다. 물고기 옆줄은 물결의 파동을 감지하여 지형을 인지하고 먹잇감이나 적의 위치를 파악한다. 인간 내이의 유모세포와 유사한 구조를 한 물고기의 옆줄 세포는 액체의 진동을 신경 신호로 만들어 감지한다.

그런데 물고기에서 진화한 육지의 척추동물은 액체의 진동을 감지할 수 없는 환경에 놓이게 된다. 육지에서는 액체인 물결의 파동을 접할 수 없고, 기체인 공기의 파동과 접한다. 육지에서 살아가기 위해서는 공기의 진동인 소리를 감지할 필요가 생긴 것이다.

그렇게 육지 생활에 맞게 진화하는 과정에서 기체의 진동을 전달 받기 좋은 구조인 고막이 생겨났고, 고막의 진동을 달팽이관 속 액체에 전달하기 위한 중간 다리 역할의 구조물이 필요해지면서 중이 이소골이 생겨났다. 그 결과 인간은 공기의 파동을 액체의 파동으로 변환해서 물고기가 물(액체)의 진동을 감지해서 지형을 파악하고 적을 피하고 먹잇감을 찾았듯이 소리를 들으면서 자신이 있는 공간을 인지하고, 자신의 안전에 대한 상황을 파악하여 대처한다.

물고기 옆줄에 있는 인간 달팽이관의 유모세포와 유사한 구조의 세포가 물속에서 액체의 진동을 직접 받아 신경 신호를 만들었다. 반면 인간은 육지생활을 해야 하므로 공기의 진동을 달팽이관의 림프액에 전달하기 위해 중이 구조물(고막, 이소골 등)을 거쳐야만 하는 파동의 전달 과정이 추가되었다.

결과에 도달하는 과정이 복잡할수록, 정확성을 요구하는 작업일수록 에러가 생기기 쉬운 법이다. 이런 이유로 액체의 파동을 직접 받아 신경 신호를 만들던 물고기 시절보다 공기의 진동을 액체의 진동으로 바꾸어 신경 신호를 만드는 과정을 통해 소리를 감지하는 인간의 청각인지 과정은 에러가 생길 가능성이 커졌을 것으로 생각된다. 물고기에서 인간으로 진화하는 과정에서 파동 전달시 중이 구조물이 추가되었고, 추가된 중이 구조물의 기능 이상으로 인간의 청각인지가 잘못될 가능성이 높아진 것으로 보인다.

그런데 인간에게 있어 청각이란 의사소통을 하고, 자신을 둘러싼 주위 상황과 환경을 인지하기 위해서, 또 자신의 몸을 인지하고 신체상을 형성하기 위해서도 필요한, 가장 기본적이고 중요한 감각이다.

청각인지 과정의 에러는 학습에서도, 일상과 사회생활에서도 너무나 많은 불편을 초래한다. 우리 주위에는 감각 중의 감각인 청각의 인지가 정확하게 이루어지지 않아서 생기는 증상들 때문에 고통 받고 있는 사람들이 많다. 그 중에는 난독증, 언어발달장애, 자폐스펙트럼장애 등 발달장애나 학습장애를 가진 사람들도 있지만, 특별히 어떤 장애가 없는 사람들 중에서도 청각 과민 같은 증상을 호소하는 사람이 있다.

앞으로 이렇게 부정확하고, 부적절한 청각인지 때문에 고통 받고 있는 많은 사람이 어려움에서 벗어날 수 있도록 좀 더 많은 연구가 이루어지기를 바란다.

PART 02

리듬
타이밍 인지의 뇌과학

뇌는
소리에서 리듬을 찾는다

리듬(Rhythm)은 '흐른다'는 뜻을 가진 그리스어 동사 'Rhein'에서 유래한 'Rhythmos'라는 단어에서 유래한 말이다. 리듬이라고 하면 대개 소리에서의 리듬만을 생각하는데, 리듬에는 청각적 리듬(음악에서의 리듬)뿐 아니라 시각적 리듬도 있고 율동에서의 운동 리듬도 있다. 시각적 리듬은 선, 형, 색의 반복을 통하여 이루어진 통일된 시각적 율동감이다. 즉, 밝고 어두운 정도, 진하고 흐린 정도 따위가 규칙적으로 배열된 상태를 말한다. 시각적 리듬은 청각적 리듬과 달리 강약과 빠르기가 없다. 그리고 율동에서의 운동 리듬은 일정한 규칙에 따라 반복되는 몸의 움직임을 의미한다.

청각적 리듬은 음의 장단이나 강약 따위가 반복될 때 그 규칙적인 음의 흐름을 의미하며 강약과 빠르기(Tempo)로 구성된다. 음악의 3요소는 멜로디, 화성, 리듬인데 멜로디나 화성이 없는 음악은 있어도 리듬이 없는 음악은 존재하지 않는다고 해도 과언이 아닐 정도로 리듬은 음악의 가장 근원적 요소라고 할 수 있다.

음악의 필수요소인 리듬이 없는 곡을 연주했던 장난 같은 연주회가 있었다. 연주자가 피아노 앞에 일정 시간 앉아만 있다가 퇴장한 것이다. 이 연주자는 음표는 없고 쉼표만 있는 악보로 된 음악을 표현한 공연이라고 주장했다. 하지만, 음악의 기본 요소 3개 가운데 멜로디와 화성 없이, 무엇보다도 가장 기본이 되는 요소인 리듬조차 없는 것을 음악이라고 하는 것은 억지이다. 그것은 음악 연주회가 아닌 다른 장르의 행위예술이다. 타악기처럼 멜로디나 화성은 없더라도 최소한 리듬은 있어야 음악이라고 부를 수 있는 것이다.

이제 청각적 리듬인 음악이나 언어에서의 리듬에 대해 생각해 보자.

음악이나 언어에서의 리듬은 '음표와 쉼표가 연속적으로 진행하는 과정에서 나타나는 어떤 시간적 질서'라고 정의할 수 있다. 음악이나 말소리 속에 들어있는 리듬은 소리의 강약, 소리의 시간적 길이, 쉼표 길이, 음색 등에 의해 발생한다. 특히 이들 가운데 소리의 강약은 강한 박자에서 주의를 집중시켜, 두뇌에서 정보를 더 잘 처리하게 만드는 효과가 있다(Large and Palmer, 2002). 강한 박자가 주의집중력을 향상시키는 효과가 있는 것이다.

여러 종류의 리듬 인지에 필요한 요소들로는 청각적 비트(Beat)의 주기성, 시각적 패턴의 주기성, 운동 주기성 등이 있다. 이 중

음악이나 언어에서의 리듬을 인지하기 위해서는 박자를 위계적 구조에 따라 그룹으로 나누어 인지하는 능력이 필요하다. 청각 정보에서 박자를 찾아 리듬을 인지하는 능력은 물개나 몇몇 조류 등을 제외한 다른 동물들에게는 없다. 리듬 인지 능력은 거의 인간만이 지니고 있는 능력인 것이다.

두뇌 안에는 입력되는 소리 정보에서 리듬을 찾아 인지하는 회로가 존재한다. 알려진 바로는 기저핵과 시상 그리고 대뇌피질을 연결하는 신경회로(Basal Ganglio-Thalamo-Cortical Network)가 리듬 인지에 관여한다. 특히 리듬 인지는 선조체(Striatum)에서 전전두엽(Prefrontal Cortex)을 연결하는 억제(Inhibition) 회로에서 도파민 수용체의 역할과 관련되어 있고, 도파민 수용체의 기능은 유전적인 영향을 받는다고 알려져 있다. 따라서 박자 감각이 둔한 사람들은 가족력이 있을 가능성이 있다.

리듬 인지에 관여하는 이 억제 회로는 충동 조절에도 관여하기 때문에 리듬 인지 회로가 적절한 기능을 유지하지 못하면 리듬감의 문제뿐 아니라 충동을 조절하는 데에도 어려움이 있을 수 있다. 그러므로 충동 조절에 어려움을 겪는 ADHD 환자에게 리듬 훈련을 통해 도파민 수용체로 조절되는 리듬 회로 기능을 향상시킬 수 있다면, ADHD 증상을 호전시킬 수 있을 것으로 생각된다.

얼마나 정밀하게 리듬을 인지하느냐는 언어 발달이나 난독증과도 관계가 있다. 또 정밀한 리듬 인지 능력은 두뇌 안에 있는 '두뇌 시계'의 정확성과도 밀접하게 연관되어 있다. 단순언어장애(Specific Langueage Impairment)나 난독증이 있는 사람들은 리듬을 인지하는 데 결함이 있고, 리듬을 생성하는 데에도 어려움이 있다는 연구 결과들이 있다. 또 리듬과 난독증의 상관관계에 대한 여러 연구에서 리듬 인지 능력이 좋은 사람이 그렇지 못한 사람보다 읽기 능력이 좋다는 결과들이 있다(Strait et al.; 2011, Tierney and Kraus; 2013, Goswami; 2013).

소리로 이루어진 음악과 구어 언어에는 (소리의 시간적 요소와 관계 있는) 리듬이 있다. 리듬을 인지하는 두뇌 시계의 정확성은 개개인에 따라 다르다. 정확한 두뇌 시계를 기반으로 두뇌 안에서 시간 정보를 정확히 처리할 수 있는 사람이 음악이나 언어에서 리듬을 정확히 인지할 수 있고, 구어 언어 속의 리듬을 정확히 알아야 구어 언어의 이해와 표현이 정확히 이루어질 수 있다.

말소리 속의 리듬을 정확히 인지하는 것은 상대방이 하고 있는 말의 내용과 의도를 정확히 인지하는 데 필요한 기초가 된다. 상대방이 하는 말의 내용과 의도를 정확히 인지해야 적절한 대답으로 자신의 생각과 의도를 조리 있게 논리적으로 말할 수 있다. 그런데 언어 속에서 리듬을 잘 인지하지 못하는 사람은 상대방의 말에 주의집중을 하기도 어렵고, 말을 정확히 이해하기도 어렵다. 이러한 언어적 어려움은 관계 맺기와 사회생활에 큰 지장을 준다.

결국 발달 과정에서 언어 속의 리듬을 정확히 인지하는 것은 언어 이해와 사회적 기술에 매우 중요하다.

리듬은 읽기 장애인 난독증과도 관계가 깊다. 왜냐하면 문자는 구어 언어를 시각적 표상의 형태로 옮긴 것이고(청각 정보 → 시각화), 문자를 읽는다는 것은 시각적 표상을 청각 정보로 변환하여(시각 정보 → 청각화) 구어 언어로 이해하는 과정이므로 언어 발달이 지연되면 읽기 발달도 지연될 수밖에 없다. 즉 언어와 읽기는 아주 밀접한 관계에 있다. 이렇게 읽기 발달은 언어 발달에 기초해서 만들어지므로 리듬 인지 능력의 부족으로 언어 발달이 지연되면, 읽기 발달도 늦어질 수 있다. 같은 학년 친구들에 비해 읽기 능력이 부족한 상태가 되는 것이다.

리듬 인지 능력이 부족하면 언어 능력도 부족해진다는 사실은, 역으로 생각해 보면 언어 발달이 지연된 아이들이나 뇌 손상으로 언어 능력을 상실한 사람들에게 훈련을 통해 리듬 인지 능력을 향상시키면 언어 능력이 향상된다는 이야기가 된다.

최근 20여 년 동안에는 이에 착안한 연구들이 많이 이루어졌고 리듬 훈련이 언어 능력과 읽기 능력을 향상시킨다는 결과들이 연이어 나왔다.

고스와미(Goswami)는 자신의 연구에서 음악과 언어의 리듬을 처리하는 신경회로가 동일한 회로이기 때문에 리듬 훈련이 언어 능력의 향상을 가져온다고 하였다. 드자(Dege)는 실험 대상자들을 세 집단으로 나누어 운동 훈련, 음악 훈련(노래하기, 북치기, 박자

연습, 춤추기 등), 음운인식 훈련을 한 결과, 운동 훈련을 한 그룹에서는 음운인식 능력이 향상되지 않은 반면 음악 훈련과 음운 인식 훈련을 한 두 집단에서는 음운인식 능력이 향상되었다고 발표하였다.

또, 하이드(Bhidfe)와 톰슨(Thomson)은 난독증 어린이들을 두 집단으로 나누어 한 그룹은 리듬 위주의 음악 훈련을 시키고, 다른 그룹은 직접 읽기 훈련을 시켰을 때 두 그룹 모두에서 음운인식 능력이 향상되었다는 연구 결과를 얻었다.

리듬 인지 능력은 학습, 발달, 집중력, 수행능력에 결정적 역할을 한다는 연구 결과도 있다(Thaut et al, 1999a, 2009; Molinari et al 2005).

내 머릿속의 시계,
두뇌 시계 Brain Clock

두뇌에서의 시간적 정보 처리(Temporal Processing)는 인지 과정과 행동 과정에 항상 관여한다. 두뇌가 감각 기관을 통해 입력된 정보를 구체적으로 구별해서 인지하는 과정, 말하기와 행동하기의 과정 등을 관찰해보면 두뇌 안에서 시간적 정보를 정확하게 처리하지 못하면 정확한 인지도 할 수 없고, 정확히 말하거나 행동할 수도 없다는 것을 알 수 있다.

어떤 스토리를 정확하게 이해하기 위해서는 사건 발생의 시간적 순서를 알아야 한다. 그래야 이야기의 진행 과정이나 인과 관계를 이해할 수 있다. 그런데 두뇌 안에서 시간에 대한 정보를 처리하는 회로가 정확하게 시간 정보를 처리하지 못하면 사건의 순서를 알기가 어렵고, 사건의 순서를 모르면 사건들의 인과 관계를 정확히 알고 이해하기 어려워진다. 사건이나 이야기의 인과 관계를 알지 못하면 전체 스토리를 파악할 수 없으므로 결국 이해력이 부족한 사람이 된다.

또, 목적이 있는 행동을 할 때는 동작의 시간적 순서가 적절해야 그 행동의 목적을 효율적으로 달성할 수 있다. 예를 들어 오른발잡이가 축구공을 앞쪽으로 멀리 날아가게 차려면, 왼발을 지면에 고정하고 오른발을 뒤로 움직였다가 공과의 거리를 맞춰 힘껏 앞쪽으로 움직여야 한다. 이때 동작의 순서를 달리해서 오른발을 뒤로 움직였다가 앞으로 움직이지 않고, 앞으로 움직였다가 뒤로 움직이면 공은 뒤로 갈 것이다. 축구공을 앞쪽으로 멀리 차려는 목적으로 동작을 했지만, 동작의 순서가 잘못되면 목적에 맞지 않는 결과가 나온다.

이렇게 단순한 목적을 이루기 위해서도 동작의 순서가 중요한데, 복잡한 목적을 이루기 위한 여러 단계의 동작을 순서대로 할 수 없다면 고차원적인 목적을 달성하기 위한 동작을 하기가 불가능할 것이다. 두뇌에서 시간적 정보 처리를 제대로 할 수 있어야 동작의 순서를 정확히 지키면서 특정 목적을 이루기 위한 행동들을 할 수 있는 것이다.

이러한 인지적, 행동적 관찰 소견들을 토대로 '두뇌 안에는 시계가 있을 것'이라는 이론이 1990년대 말부터 나오기 시작했다. 두뇌 안에는 시계가 있어서 시간에 대한 정보 처리를 하고 있다는 것이다. 인체 내에서 일어나는 여러 현상들을 생각해 보면 그 시계는 하나가 아닌 여러 개가 존재하며 인간이 살아가는 데 필요한 여러 종류의 시간적 정보를 처리하는 것으로 생각된다.

첫 번째 시계는 우리 몸의 하루 주기 리듬인 24시간 주기를 관장하는 생물학적 일주기(하루 주기) 시스템(Circadian system)을 조절하는 '마스터 일주기 시계(Master Circardian Clock)'이다. 우리는 밤이 되면 졸리고, 아침에는 잠에서 깨어나며, 식사 때가 되면 배가 고파진다. 이를 관장하는 시계가 24시간 생물학적 주기 시계이다.

일주기 리듬(Circardian Rhythm)은 24시간 주기로 변화하는 생화학적, 생리학적, 행동학적 흐름이며 지구상의 거의 모든 생명체가 지니고 있다. 인간의 일주기 리듬은 시상하부의 시상교차상핵(Suprachiasmatic Nucleus)에 있는 마스터 일주기 시계에 의해 조절된다.

눈의 망막을 통해 들어온 빛의 정보는 시각교차상핵으로 전달되어 마스터 일주기 시계를 빛 정보에 동기화시킨다. 낮과 밤의 길이에 대한 정보를 전달받은 시각교차상핵은 그 정보를 송과샘(Pineal Gland)으로 보내고, 송과샘은 그 정보를 토대로 멜라토닌을 생성하여 분비한다. 멜라토닌은 밤에 많이 분비되고 낮에는 줄어든다. 이처럼 일주기 리듬이 형성되는 데에는 빛의 영향력이 가장 크다. 즉, 눈으로 들어온 빛이 시각교차상핵(Suprachiasmatic Nuclei)에 전달되어 일주기 리듬을 조절하는 것이다. 따라서 동굴에 갇혀 지내면 일주기 리듬을 유지하기가 어려워진다.

일주기 리듬과 관계있는 신경 전달 물질은 세로토닌이다. 세로토닌은 주로 장, 혈소판, 중추신경세포 등에 존재하는데, 중추신경계에서 작용하는 세로토닌은 인간이 안정감과 행복감을 느끼게 하는 신경전달 물질이다. 세로토닌은 햇빛, 리듬 운동, 스킨쉽, 심호흡 등에 의해 생성되는데 대부분의 세로토닌은 빛에 의해 낮에 생성되어 분비된다. 그리고 밤이 되면 송과선에서는 세로토닌을 원료로 멜라토닌을 만들어 분비하여 생체시계를 조절한다. 낮에 만들어진 세로토닌이 밤에 멜라토닌으로 바뀌는 것이다. 결국 이 과정은 빛이 눈으로 들어오면서부터 이루어진다.

일주기 리듬은 유전적으로 결정되고, 나이에 따라 변화된다. 노인기에 이르면 시각교차상핵의 노화 현상으로 일주기 리듬이 손상되고, 일주기 리듬이 손상되면 수면 장애를 겪게 된다.

인간의 일주기 리듬은 수면, 각성의 조절뿐 아니라 대사, 호르몬 변화 등에도 영향을 미친다. 따라서 일주기 리듬이 깨지면 당뇨나 비만 등과 같은 질병이 생길 가능성이 높아진다는 연구 결과들이 있다.

두 번째 시계는 1,000분의 1초 단위의 시간을 감지하는 '밀리세컨타이밍 시스템(Milisecond Timing System)'이다. 1,000분의 1초라는 시간은 인간이 의식 속에서 알 수 있는 시간의 단위가 아니다. 의식이 인지할 수 있는 시간의 최소 단위는 초 단위이다. 그런데 언어생활이나 인지의 과정을 관찰해보면, 인간의 신경계는 1,000

분의 1초 단위의 시간 정보를 끊임없이 처리하고 있다는 것을 알수 있다.

우리가 느린 속도로 천천히 말하는 사람의 말소리(1초에 3음절 정도 속도) 중에서 '박'이라는 음절을 들었다고 하자. 이때 '박'이라는 음절의 전체적인 시간 길이가 330ms(1,000분의 330초) 정도라고 하면, 'ㅂ'은 25~50ms, 'ㅏ'는 200~250ms, 'ㄱ'은 25~30ms 정도 된다. 또한 'ㅂ'과 'ㅏ' 사이에는 1,000분의 8초 정도의 시간 간격이 있고, 'ㅏ'와 'ㄱ' 사이에도 1,000분의 8초 정도의 시간 간격이 있다. 만약 우리 두뇌 안에 밀리세컨타이밍 시스템이 존재하지 않는다면, '박'이라는 음절을 분해해서 '박' 속에 'ㅂ', 'ㅏ', 'ㄱ'이 있다는 사실을 인지하지 못할 것이다. 그런데 우리는 '박'이라는 음절을 듣자마자 의식하려고 애쓰지 않아도 곧바로 구성 음소들이 'ㅂ', 'ㅏ', 'ㄱ'이고, 음소들의 조합 순서가 'ㄱ', 'ㅏ', 'ㅂ'이 아니라 'ㅂ', 'ㅏ', 'ㄱ'의 순서라는 것까지도 알게 된다. 이렇게 말소리의 최소 단위인 음소를 인지할 수 있다는 사실로 미루어 볼 때, 두뇌 안에는 1,000분의 1초 단위의 시간 정보를 처리하는 밀리세컨타이밍 시스템이 존재한다는 합리적 추론이 가능하다.

다른 인지 과정에 비해 특히 말소리 인지는 소리들의 시간적 순서, 시간적 길이, 시간 간격 등에 따라 말소리의 구체적 특성이 달라지고, 이로 인해 말소리의 음절 구조와 단어 구조, 의미 등이 달라지기 때문에 소리의 미세한 차이들을 인지하는 정확성이 부족하면 말을 듣고 이해하는 데 어려움이 생긴다. 그리고 상대방의 말을 듣고 이해하는 데 어려움이 있는 사람은 말로 자신의 의사를 표현하는 데에도 어려움이 생긴다.

말소리의 미세한 차이를 인지하기 위해서는 밀리세컨타이밍 시스템의 정확성이 필히 요구되고, 이는 곧 언어 이해 및 언어 표현의 정확성과 직결된다. 밀리세컨타이밍 시스템은 구어 언어 외에도 주의집중, 운동 조절(특히 소근육운동), 악기 연주 등에도 밀접하게 관여한다.

세 번째 시계는 100만분의 1초를 감지하는 '마이크로세컨타이밍 시스템(Microsecond Timing System)'이다. 우리가 소리를 듣고서 음원의 위치를 아는 과정을 살펴보자. 만약 우측에서 어떤 소리가 들릴 때 음원이 우측에 있다는 사실을 알려면, 소리가 우측 귀에 먼저 들어오고 난 후 좌측 귀에 뒤이어 들어오는 아주 미세한 시간의 차이를 계산할 수 있어야 한다. 공기 중에서 소리의 속도는 초당 약 340m이고, 양쪽 귀의 거리는 약 17㎝ 정도인 것을 감안하면, 양쪽 귀로 들어온 소리의 아주 미세한 시간 차이를 100만분의 1초 단위로 감지해야 음원의 위치가 좌측인지 우측인지를 계산해서 파악할 수 있다. 인간이 소리가 나는 음원의 위치를 인지할 수 있다는 사실로 볼 때 두뇌 안에는 100만분의 1초를 담당하는 시계가 있을 것으로 짐작된다.

네 번째 시계는 스톱워치처럼 흘러간 시간의 양을 인지하는 '간격타이밍 시스템(Interval Timing System)'이다. 우리는 1초의 시간 경과는 의식에서 거의 정확히 알 수 있다. 어떤 일을 하면서 시간이 약 1분쯤 지났으리라는 정도의 시간감각도 대체로 정확하다. 이런 능력이 사람에게 있다는 것을 볼 때 흘러간 시간을 인지하는 생체 시계인 간격타이밍 시스템이 존재할 것으로 생각된다. 간격타이밍 시스템도 개개인에 따라 정확도의 차이가 있고, 경과된 시간이 길어질수록 정확도는 감소한다.

이렇게 신경계 안에 시간적 정보를 처리하는 시스템이 있다는 이론이 1990년대 말부터 논의되기 시작하여 두뇌 시계에 대한 많은 연구들이 시행되었고, 현재도 많은 연구들이 이루어지고 있다.

한 연구에 따르면, 두뇌의 시간 측정 능력은 인간의 다양한 수행 메커니즘에 매우 중요하며, 인간 행동에 필수적이기 때문에 두뇌는 계속해서 시간을 측정하고 있다고 한다(Lewis,2002; Nobre & O'Reilly, 2004).

노르웨이 대학 연구팀(Kavli Institute, Norwegian University of Science and Technology)은 두뇌 시계가 정확히 두뇌 어디에 존재하는지를 알아내려는 연구에서, 발생하고 있는 상황의 흐름이나 일어난 사건의 순서를 배열하는 데에 관여하는 두뇌 시계가 내후각피질(Entorhinal Cortex)에 있다는 사실을 밝혀내어 2018년 과학잡지 『네이처』에 발표하였다. 1990년대 말부터 대두된, 두뇌 안에 시계가 있을 것이라는 이론이 가설 단계에서 벗어나 점차 과학적 사실로 입증되고 있는 것이다.

모든 것은
타이밍이다

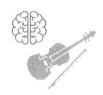

    타이밍은 행동의 효과가 가장 크게 나타나도록 속도를 맞춰 행동할 최적의 시기를 포착하는 기술을 말한다. 타이밍을 정확히 맞춰 행동할 때 인지와 행동에서 효과가 가장 크다. 다시 말해 인지와 행동의 효과를 극대화하기 위해서는 타이밍을 잘 맞추어야 한다.

    타이밍을 잘 맞추려면 두뇌의 정보 처리가 정확하고 빨라야 하고, 두뇌가 빠르고 정확하게 정보처리를 하려면 내적 두뇌 시계가 정확히 작동해야 한다. 그래야만 새롭게 입력된 감각 정보와 이미 저장된 정보 간에 배분과 동기화가 잘 이루어지는 상태에서 의사 결정을 할 수 있다. 감각 기관을 통해 들어오는 정보들의 패턴을 시간적으로 정확히 인지할 수 있어야(두뇌 시계가 정확히 작동해야) 행동의 적기를 포착해서 행동의 타이밍을 맞출 수 있는 것이다.

    행동의 효과가 가장 크게 나타나도록 속도를 맞추고 적기를 포착하는 기술인 타이밍 능력은 인간 행동에 필수적이라서 복잡하고 정밀한 인간의 모든 행동은 '정신적 타이밍(Mental Timing)'이 항상 관여한다고 주장한 학자들도 있다(Lewis & Walsh,2005; Mauk & Buonomano, 2004).

또한 동작의 타이밍을 맞추는 능력이 향상되면 살아가는 데 필요한 여러 가지 능력과 학습 능력이 향상된다. 리듬에 맞춰 동작을 실행하여 타이밍을 맞추는 능력은 언어, 읽기, 문법 등의 능력과 집중력에 비례한다. 따라서 리듬을 인지하여 리듬에 타이밍을 맞추는 능력은 읽기 능력을 예측하는 지표가 될 수도 있다.

소아기나 청소년기의 타이밍 능력은 나이에도 비례한다. 이는 타이밍 맞추는 능력이 신경계의 발달 정도와 비례한다는 의미이다. 또래 친구들과 비교할 때 타이밍 능력이 좋은 아이는 다른 아이들보다 중추신경계 발달 상태가 좋다고 할 수 있다.

이렇게 정신적 타이밍(Mental Timing)은 학습에 중요하며 중추신경계의 성숙과도 관계가 깊다.

정신적 타이밍에 관여하는 두뇌 영역들은 배외측전전두피질(Dorsolateral Prefrontal Cortex), 기저핵(Basal Ganglia), 대상회(Cingulate Gyrus), 소뇌(Cerebellum) 등이다. 이 영역들을 연결하는 회로에서 정보 전달이 원활해야 정신적 타이밍을 잘 맞출 수 있다.

타이밍에 관여하는 두뇌 각 영역은 각각의 고유 기능을 가지고 있으면서 타이밍에도 관여한다. 배외측전전두피질은 운동계획과

말하기에 관여하고, 기저핵은 미세한 소근육운동에 관여하며, 대
상회는 정서 조절과 실행 기능에 관여하고, 소뇌는 몸의 자세 유
지 및 말을 생성하는 데 관여한다. 이는 타이밍 능력이 운동, 말하
기, 정서 조절, 실행 기능 등과 연관 있다는 근거가 되기도 한다.

음악과 언어 속에는 리듬이 있다. 이 리듬 정보를 정확히 처리
하지 못하면, 음악과 언어의 내용뿐 아니라 뉘앙스나 정서를 제대
로 느낄 수 없다. 리듬 정보를 처리하는 회로는 기저핵과 소뇌 그
리고 배외측전전두영역을 연결하는 신경 회로이고, 이 회로는 도
파민이라는 신경 전달 물질에 의해 작동된다.

리듬 훈련을 통해 기저핵의 도파민 시스템을 활성화시키면 리듬
능력이 향상되고, 따라서 음악적 능력뿐 아니라 언어 능력도 향상
시킬 수 있다. 리듬을 인지해서 여기에 동작의 타이밍을 맞추는
훈련을 하면 언어, 읽기, 문법 등의 능력이 향상될 수 있는 것은 이
러한 메커니즘에 기반한 것이다.

쿨만과 슈바인하르트는 4~11세 아동 585명을 대상으로 일정한
박자를 들려주고 동작을 시행하도록 하여 박자에 동작을 얼마나
정확히 맞출 수 있는지를 측정하는 운동 타이밍 능력에 관한 연구
를 하였다(Kuhlman, K. & Schweinhart, L.J.; 1999).

그 결과 나이가 많을수록, 성적이 좋을수록, 춤추기나 악기 연
주를 배울수록, 수업 시간에 집중력이 좋을수록 운동 타이밍 능

력이 좋았다. 반면에 집중력이 부족한 아이나 특수교육 대상자는 운동 타이밍 능력이 좋지 않았다.

또 일정한 리듬을 들려주고 동작을 박자에 맞추는 훈련을 시켰더니 운동 타이밍 능력이 점차 향상되었고, 이러한 타이밍 능력 향상이 언어, 읽기, 수학 성적의 향상으로 이어졌을 뿐 아니라 운동 협응(Motor Coordination), 운동 수행(Motor Performance) 능력의 향상으로도 연결되었다.

읽기와 운동 타이밍에 관한 연구도 있다.

미국 중류층의 7~11세 아이들 가운데 구어 장애와 읽기 장애가 있는 아이들 49명을 대상으로 읽기 훈련을 하루 4시간씩, 1주일에 4회씩, 4주 동안 시켰다. 이 아이들 중 절반에게는 매번 15분씩 운동 타이밍 훈련을 시키고 난 후 읽기 훈련을 하였고, 나머지 아이들은 운동 타이밍 훈련 없이 읽기 훈련만 하였다.

결과는 두 집단 모두에서 읽기 능력이 향상되었다. 그런데 하루 4시간의 읽기 훈련만 시킨 아이들에 비해 운동 타이밍 훈련을 하고 나서 읽기 훈련을 한 아이들의 읽기 능력이 더 많이 향상된 것으로 나타났다(Baylor University: Ritter. M., Colson. K. A, Park.J.; Sep. 28. 2012).

리듬 인지가
읽기에 중요한 이유

그렇다면 음악의 3요소 중에서도 왜 리듬이 읽기 능력에 그렇게 중요한지에 대해 알아보자.

언어 속에는 운율(Prosody)이라는 강약의 규칙성이 있고, 그 규칙성이 바로 리듬이다. 언어에 있는 강약의 규칙성은 호흡과 발성 기관 움직임의 규칙성이 소리의 주기성을 형성하여 만들어지는 것이다. 따라서 발성 기관의 조화로운 움직임을 만들 수 없으면 발성 기관의 규칙성을 만들기도 어렵고, 그에 따라 말할 때 말소리의 주기성을 만들기도 어려워진다.

말소리의 주기성을 만들지 못하는 사람이 말을 하면 발음이 뭉개지고 부정확해진다. 말할 때 정확한 발성을 하기 위해서는 먼저 말소리 안에 있는 강세와 억양의 규칙성을 정확히 인지해서 기억하고 있다가, 발성 기관을 이용하여 만들고자 하는 말소리의 리듬을 정확히 생성해내야 한다.

말소리의 리듬감이 없어서 리듬을 만들기 어려운 사람이 책을 읽을 때를 생각해 보자. 읽기는 문자라는 시각적 표상을 눈으로 보면서 정확한 소리를 떠올려 그 시각적 표상을 소리로 변환하여 언어로 이해하는 것이다. 그런데 말소리에서 강약의 규칙성을 인지하지 못하면 글을 읽으면서 뉘앙스 파악도 어렵고, 내용 이해도 어려워서 책에서 감동을 느끼기가 어려워진다.

또 언어에서 리듬을 인지하지 못하면 읽기를 배우는 것 자체가 어려울 수도 있다. 말소리는 리듬을 통해 음절 단위, 단어 단위를 구분한다. 그러므로 말소리의 리듬 인지 능력이 부족하면 단어와 단어, 문장과 문장의 경계를 구분하기 어려워 어디에서 띄어 읽기를 해야 하는지 몰라 읽기를 배우기가 매우 어려워진다.

리듬 인지 훈련은 난독증의 핵심 원인인 음운 인식 능력을 향상시키기 때문에, 리듬 훈련은 난독증 치료의 훌륭한 치료 도구가 될 수 있다. 그렇다면 리듬 훈련을 어떻게 할 것인지에 대해 알아보자.

리듬 훈련은 두 종류가 있다. 첫째는 단순하게 리듬을 듣고 인지하는 훈련, 둘째는 인지된 리듬에 몸의 움직임을 동기화시키는 운동-타이밍 훈련이다.

리듬을 단순하게 인지하는 훈련은 비트가 뚜렷한, 리듬이 뚜렷하게 표현된 소리나 음악을 들려주어 음악 소리 속에 박자가 있다는 것을 쉽게 알도록 도와주는 방식의 훈련이다. 이 훈련에 사용되는 음악은 타악기 소리로만 구성되어 있으면서 박자가 뚜렷해야 효과적이다.

인지된 리듬에 몸을 동기화시키는 운동-타이밍 훈련은 특정 시간 간격의 박자를 들려주고, 손가락으로 책상을 두드리거나 손뼉을 치는 등 리듬을 동작으로 재현하게 하는 것이다. 이 훈련을 조금 더 고도화시키면, 리듬을 들려주고 몸 전체가 움직여서 춤을 추거나 드럼을 치는 등의 동작으로 리듬에 '몸 전체의' 움직임을 동기화시키는 훈련이 가능하다.

몸의 움직임을 통한 리듬 훈련은 두뇌 여러 영역의 신경적 동기화(Neural Synchronization)를 이루어 두뇌 전체에서 일어나는 정보 전달의 효율성을 높일 수 있다. 두뇌 전체에서 정보 전달의 효율성 증가는 그 사람이 무슨 일을 하든 효율적으로 잘 할 수 있는 능력을 지니게 해 준다. 또 무엇을 배우든 쉽게 배울 수 있게 해 준다.

리듬 인지는 주의집중과도 관계가 있다. 음악 소리를 들을 때 뇌는 강한 박자에서 주의를 집중한다. 따라서 박자를 인지할 수 있다는 것은 음악을 들으면서 강한 박자를 찾기 위해 주의집중을 언제 해야 할지에 대한 틀이 만들어졌다는 것을 의미한다.

음악에서 강박을 찾아 리듬을 인지하는 것은 말소리 속에서 강세를 찾아 말의 리듬을 인지하는 것과 같다. 또 말소리 속에서 리듬을 인지한다는 것은 말소리 어느 부분에 주의를 집중해야 할지를 아는 것이므로, 대화 시 중요한 내용이 무엇인지를 정확히 아는 데 도움이 된다. 이는 곧 언어 이해와 언어 표현이 생활 속에서 효율적으로 이루어지게 만들어 준다.

말소리의 리듬 인지가 정확해지면 수업 시간에 선생님의 설명을 놓치지 않고 집중해서 들을 수 있어서 수업의 내용을 더 잘 이해할 수 있다. 또한, 말소리 속에서 리듬 인지를 잘하는 사람은 상대방의 말을 잘 들을 수 있을 뿐 아니라 자신의 생각과 의도를 말할 때 어느 부분을 강조해야 하는지를 알기 때문에 듣는 사람이 집중해서 듣기 좋게 설명할 수 있다.

정리하면 리듬을 파악하는 능력은 들리는 소리 가운데 강세가 있는 부분에 선택적으로 집중하는 능력이 있다는 의미이므로 리듬 훈련을 하면 청각적 주의집중 능력이 향상될 수 있다. 리듬감과 청각 주의집중 능력이 좋은 사람이 강사가 된다면 명강사가 되는 데 유리할 것이다.

이는 음악의 리듬과 언어의 리듬이 공통된 신경회로에서 처리되기 때문이다.

신경계의 동기화가 중요한 이유

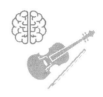

어떤 작업을 수행할 때는 두뇌 한 영역이 아니라 여러 영역이 관여한다. 특정 작업을 수행할 때 그 작업이 최적의 효율로 이루어지려면 그 작업에 관여하는 두뇌 여러 영역의 뉴런들이 각자의 담당 임무를 잘 수행해야 한다. 또한 작업 과정에 관여하는 뉴런들이 서로 조화롭게 정보를 주고받아야 하며, 동시에 발화되어야 한다.

음악에 맞춰 춤을 추는 경우를 생각해 보자. 춤을 잘 추려면 음악 속 박자를 정확히 인지하고, 그 박자에 내 몸의 움직임을 조화롭게 일치시켜야 한다. 매번 비트를 듣고 난 후에 춤 동작을 하게 되면 비트보다 느린, 박자에 맞지 않는 엇박자 동작을 하게 될 것이다. 박자에 정확히 맞는 춤 동작을 하기 위해서는 비트와 비트 사이에 존재하는 시간 간격을 인지한 다음, 그 간격에 맞게 춤 동작을 실행해야 한다. 이렇게 춤추는 과정이 연속적으로 잘 시행되려면 리듬 인지와 운동에 관여하는 뉴런들의 동기화가 잘 이루어져야 한다. 그렇지 않으면 박자에 맞게 춤을 잘 출 수가 없어 박치, 몸치가 될 수밖에 없다.

리듬을 인지하고 그 리듬에 운동 타이밍(Motor Timing)을 정확히 맞추기 위해서는 운동 타이밍에 관여하는 뉴런들의 동기화가 필요하다. 박자를 들려주고 박자에 맞춰 정해진 동작을 실행하게 하는 리듬-타이밍 훈련을 하면 신경계 안에서 타이밍에 관여하는 뉴런들의 동기화가 이루어질 수 있다. 또 이런 훈련을 반복적으로 하게 되면 동기화가 잘 되는 신경계를 만들 수 있다.

리듬-타이밍 훈련을 하면 춤을 잘 출 수 있는 능력이 생기는 것 외에도 신경계의 동기화를 이룰 수 있으며, 신경계의 동기화는 많은 긍정적 효과가 있다. 신경계 동기화의 효과로 신경계의 성숙에 관여하는 뇌유래신경성장인자(Brain Derived Neurotrophic Factor: BDNF)의 방출이 일어난다. 특히 청각과 시각 자극에 대해 동기화된 정보 처리 능력을 향상시키는 것은 뇌유래신경성장인자의 방출을 일으켜 신경발달을 촉진하는 데 도움이 된다.

뇌유래신경성장인자는 기억과 학습을 담당하는 해마에서 신경세포 생성을 촉진하고 또 신경 연결망들의 새로운 배선을 형성하는 데에도 도움을 준다. 게다가 신경 섬유의 지방질 피막의 성장을 촉진하여 수초화(Myelination)를 가속화하기 때문에 뉴런 간의 정보 전달 속도를 빠르게 만들고, 마이네르트(Mynert) 기저핵을 발화시켜 주의집중을 하지 않아도 경험을 쉽게 기억하게 만들어 줌으로써 배워야 할 것들을 쉽게 배울 수 있게 한다.

또, 뇌유래신경성장인자는 필요한 신경연결망이 충분히 강화되어 더 이상의 강화가 필요하지 않은 상태가 되었을 때, 즉 이미 필요한 만큼 회로가 형성되어 더 이상은 변화가 필요하지 않을 때, 형성된 회로가 변하지 않도록 회로를 공고하게 만들어 준다.

앞에서 언급된 내용들을 정리하면, 연결망의 동시 발화는 뇌유래신경성장인자를 방출하고, 분비된 뇌유래신경성장인자는 신경 세포와 신경 회로 형성에 관여하여 배우고자 하는 무언가를 쉽게 배우게 하며, 충분히 배운 상태가 되면 그것을 잊어버리지 않도록 해주는 역할을 하는 것이다.

동기화가 잘되는 신경계를 보유한 사람은 무엇이든 배우고 싶은 것을 쉽게 배울 수 있으며, 인지 능력, 언어 능력, 읽기 능력, 학습 능력, 운동 능력 등 다방면의 여러 능력이 좋다. 단순히 청각적 박자에 맞춰 책상을 손가락으로 일정하게 두드리는 능력만 향상되어도 음운 인식 능력이 좋아져 언어와 문법 그리고 읽기 능력이 향상된다는 연구 결과도 있다.

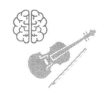

리듬/타이밍을
향상시키는 훈련법

　리듬 훈련은 리듬을 정확히 인지해서 몸동작으로 운동 타이밍을 맞추는 훈련이다. 리듬 훈련을 단계에 따라 크게 나누면 리듬을 인지하는 훈련(1)과, 인지된 리듬에 맞춰 몸동작을 실행하는 타이밍 맞추기 훈련(2)이 있다.

　리듬을 인지하는 훈련(1)은 일정한 박자의 '신호음'만을 들려주면서 신호음 사이의 시간 간격의 규칙성을 인지하게 하는 훈련(1-1)과, 강약이 확실하게 구분되는 '음악'을 들려주는 훈련(1-2)이 있다. 신호음만 들려주는 것은 음악을 들려주는 것보다 박자를 인지하기가 쉽다. 또 여러 가지 악기의 소리가 섞여 있는 교향곡을 들려줄 때보다는 여러 종류의 타악기 소리로만 구성된 음악을 들려줄 때 박자를 인지하기가 쉽다.

　우리가 흔히 박치라고 일컫는 사람, 즉, 리듬 인지를 어려워하는 사람의 리듬 인지 능력을 향상시키기 위해서는 훈련에 쓰이는 음악을 잘 선택해야 한다. 멜로디나 화음이 복잡하면서 강약의 표현이 뚜렷하지 않은 음악은 리듬 인지 능력을 향상시키기 위한 훈련용 음악으로는 부적합하다.

인지된 리듬에 맞춰 몸동작을 실행하는 훈련(2)은 단순히 리듬을 들려주고 동작을 실행하는 훈련(2-1)이 있고, 리듬에 맞춰 얼마나 정확하게 동작을 수행했는지를 측정해서 훈련받는 사람에게 박자에 어긋난 시간이 어느 정도인지를 알려주어, 연속해서 이어지는 다음 동작은 박자에 좀 더 정확하게 맞추도록 하는 훈련(2-2)이 있다. 동작 수행을 박자에 얼마나 잘 맞게 실행했는지 알려주면서 계속해서 이어지는 다음 동작의 타이밍을 더 잘 맞추도록 노력하게 만드는 리듬 훈련(2-2)이 아무 피드백 없이 박자를 들려주고 박자에 맞춰 동작을 실행하는 훈련(2-1)보다 운동 타이밍 능력 향상에 효과가 훨씬 더 크다.

주어진 박자에 동작의 타이밍이 얼마나 잘 맞는지 모른 채로 무작정 운동 타이밍 맞추기 훈련을 하는 것은 타이밍 능력을 향상시키려는 목적의 훈련으로는 효과가 적다. 동작을 할 때마다 매번 동작이 박자에 잘 맞았는지를 정확히 측정해서 알려주지 않으면 운동 타이밍의 정확성을 향상시키는 효과가 미약하다. 동작이 박자에 어긋난 정도를 정확히 알려주어 이어지는 다음 동작이 박자에 점점 더 정밀하게 맞춰지도록 해야만 훈련 효과를 극대화할 수 있는 것이다.

앞에서도 언급한 바와 같이 어떤 사람이 리듬에 동작의 타이밍을 얼마나 정확히 맞출 수 있는지가 그 사람의 언어, 문법, 읽기, 주의집중, 소근육 운동, 인지 등과 같은 인간의 고차원적 능력과 비례한다. 따라서 운동-타이밍 능력을 향상시키는 훈련을 통해 앞에 열거된 여러 능력을 향상시킬 수 있다.

리듬에 동작을 맞추는 훈련 도구에는 여러 가지가 있다. 대표적으로 20여 년 전 오락실에서 한창 인기를 끌었던 리듬 게임들(DDR, 펌프, 드럼매니아 등)과 박자를 들려주고 터치 센서를 손가락으로 터치하는 테라 비트(Thera Beat), 사지의 말단 부위를 모두 쓰도록 특별히 고안된 동작을 박자에 맞춰 수행하는 상호작용식 메트로놈(Interactive Metronome, 이하 IM) 등이 있다.

이들 가운데 1992년 미국의 정신과 의사 그린스펀에 의해 개발된 IM은 설정된 박자를 들려주면서 사지의 말단 부위를 쓰도록 고안된 동작을 실행하고, 실행한 동작이 박자에 얼마나 정확히 맞았는지를 시각적, 청각적으로 피드백을 주어, 이어지는 다음 동작은 좀 더 정확하게 타이밍을 맞추도록 하는 훈련 도구이다. 한 세션의 훈련 시간은 약 50분 정도이고, 동작 구성은 훈련자 개개인의 특성에 맞춰서 정한다.

IM 훈련은 헤드셋을 통해 대개 1.1초 간격으로 박자(박자의 시간 간격을 조절할 수 있음)를 들려주고 동작을 실행하는데, 이때 동작은 양손과 양발을 모두 쓰도록(특히 사지의 말단 부위를 모두 쓰도록) 설계된 13가지 동작 가운데 하나를 정해서 실행한다. 매번 동작을 실행할 때마다 손과 발의 터치 센서를 이용해 주어진 박자보다 동작이 빨랐는지 느렸는지를 1,000분의 1초 단위로 측정한다. 즉, 박자에 어긋난 시간을 측정하는 것이다. 그다음, 모니터 화면에 박자에 어긋난 시간을 1,000분의 1초 단위로 표시하여 알려줌으로써 이어지는 다음 동작은 박자에 정확히 맞추도록 하면서 박자에 어긋난 시간을 최대한 줄여가게 훈련하는 것이다. 이때 박자에 어긋난 시간을 '1,000분의 1초 단위'의 정밀도로 측정해서 알려주는 것이 중요하다. 그래야 앞에서 설명한 두뇌 시계 가운데 밀리세컨타이밍 시스템의 정밀도를 높일 수 있기 때문이다.

밀리세컨타이밍 시스템의 정확도는 집중력, 인지 능력 같은 두뇌 기능과 연관이 있는데, 특히 언어, 문법, 읽기 능력과 관계가 깊다. 읽기를 배우는 데 음운 인식 능력은 핵심적으로 필요한 요소이다. 구어 언어에서 의미 있는 어휘는 음절의 조합으로 이루어지기 때문에 청각적으로 음절을 인식할 수 있으면 듣고 말하기는 가능할 수 있다. 하지만 음절을 구성하는 말소리의 최소 단위는 음소이고, 음절을 쪼개 (음절을 구성하고 있는) 음소를 인지하려면 1,000분의 1초 단위의 시간 인지가 반드시 필요하다.

예를 들어 '박'이라는 음절의 시간 길이가 330ms 정도라고 하면 'ㅂ'은 시간 길이가 대략 50ms, 'ㅏ'는 200~250ms, 'ㄱ'은 50ms 정도

되고, 'ㅂ'과 'ㅏ' 사이에는 8ms 정도의 시간 간격이 있고, 'ㅏ'와 'ㄱ' 사이에도 8ms 정도의 시간 간격이 있다. 그런데 밀리세컨타이밍 시스템의 기능이 부족해서 음절을 구성하는 음소들 사이의 시간적 간격 8ms를 인지하지 못하면 음절을 음소 단위로 쪼개 분리하는 데 어려움을 겪기 때문에 읽기와 쓰기를 배울 수가 없다.

또 음절 중에는 '마'와 '바'처럼 자음에서 모음으로 이행되는 시간에서 많은 차이가 나는 음절이 있다. '마'는 'ㅁ'에서 'ㅏ'로 이행되는 시간이 40ms 정도 되고, '바'는 'ㅂ'에서 'ㅏ'로 이행되는 시간이 100ms 정도 된다. 밀리세컨타이밍 시스템이 정확하지 않은 사람은 음절 '마'와 '바'를 소리로 구별해서 인지하기가 어려워서 상대방의 말을 정확히 듣지 못해 의미를 잘못 해석할 수도 있고, 본인이 '바'라는 음절을 말할 때 시간적으로 너무 짧게 말해서 듣는 사람의 입장에서는 '바'라고 했는지 '마'라고 했는지 구별이 잘 안 될 수 있다. 혹은 '바' 소리가 '바'와 '마'의 중간 정도 소리처럼 들릴 수도 있다. 또 대화 중에 말소리의 전체적인 길이도 정확하게 인지하지 못해서 상대방의 의도를 정확히 알기 어려울 수도 있고, 자신의 생각과 느낌을 정확히 전달하지 못할 수도 있다.

이처럼 밀리세컨타이밍 시스템의 기능을 향상시킬 수 있는 훈련 도구인 IM으로 훈련을 하면, 언어와 읽기 발달을 직접적으로 촉진시킬 수 있다. 또 집중력 및 적절한 통제력을 필요로 하는 정밀한 소근육운동 조절 능력도 향상시킬 수 있다.

IM 훈련은 ADHD 치료에도 효과적이다. 리듬에 동작의 타이밍을 맞추는 과정 중, 두뇌 안에서는 선조체에서 전전두엽으로 이어지는 억제 회로가 활성화된다. 이때 작용하는 신경전달 물질은 도파민이며, 이 회로의 활성화에는 도파민의 농도도 중요하지만, 도파민 수용체(DRD2)의 활성화도 꼭 필요하다. IM 훈련을 통해 도파민 농도를 증가시키고 도파민 수용체의 활성화도 이끌어낼 수 있다. 결과적으로 이런 억제 회로의 활성화가 산만하고 충동조절이 어려운 ADHD 환자의 치료에 효과적일 수 있는 것이다.

또 IM 훈련은 집중력을 향상시킬 수 있으므로, 스포츠 선수의 경기력을 향상시킬 목적에 활용되기도 한다.

[그림 8] IM 훈련 도구와 IM 훈련 모습

※ 2018년 평창 동계올림픽 모굴스키 국가대표 선수 이야기

2018년 평창 동계올림픽 때 대한민국 모굴스키 국가대표 선수가 올림픽 본선에서 예상보다 훨씬 좋은 성적을 거두면서 화제가 되었다. 당시 언론에서는 그 선수가 단기간에 급격히 실력이 향상된 비결을 보도하였는데, 비결은 바로 IM을 이용한 밀리세컨타이밍 훈련에 있었다.

　밀리세컨타이밍 시스템 훈련이 선수의 리듬 능력과 운동 타이밍 능력을 향상 시켰고, 운동 타이밍 능력 향상이 집중력을 향상시켰다. 스키를 타고 울퉁불퉁 한 슬로프를 빠른 속도로 내려와야 하는 모굴스키 종목의 특성상 리듬 훈련 자 체가 경기력 향상에 도움이 되었고, 여기에 타이밍 훈련으로 강화된 집중력이 더해지면서 기록이 비약적으로 향상되었던 것이다.

※ 오락실용 오락기로 개발된 리듬 게임(DDR)

　DDR은 여러 종류의 대중음악 가운데 한 곡을 선택해서 들려주고, 그 음악에 맞춰 춤을 추면서 박자에 맞게 발로 바닥 센서를 밟도록 하여, 박자에 정확히 맞춰 센서를 밟았을 때 점수를 획득하는 게임이다. 이 게임을 리듬 훈련에 활용 할 수도 있다. 그렇지만 훈련 효과 면에서 IM에 비해 부족한 점이 많아서 전문 적인 훈련 목적으로 사용하기에는 적절하지 않다.

　DDR의 첫 번째 부족한 점은 박자에 어긋난 시간의 정도를 1,000분의 1초 단위로 알 수 없다는 것이다. 훈련 효과가 극대화되려면 실행한 동작이 박자에 얼마만큼 어긋났는지를 1,000분의 1초 단위로 정확히 측정해서 피드백을 줌 으로써 훈련자가 이어지는 다음 박자에 실행하는 동작은 좀 더 박자에 어긋난 시간을 줄이려고 노력하게 만들면서 반복적인 훈련을 해야 한다. 그런데 DDR 은 박자에 정확히 맞았을 때 점수가 올라가기는 하지만, 박자에 어긋났을 때 어굿난 시간의 정도를 1,000분의 1초 단위로 알려주지 않을 뿐 아니라, 실행한 동작이 박자보다 빨랐는지 늦었는지조차 알려주지 않는다. 따라서 훈련자는 다음 동작을 이전 동작보다 더 빨리 해야 할지, 더 느리게 해야 할지를 알 수가 없기 때문에 반복적인 훈련을 하더라도 운동 타이밍 능력이 향상되기에는 한계가 있다.

DDR의 두 번째 부족한 점은 고정된 박자(리듬)에 따른 훈련이 아니라는 점이다. DDR은 게임을 할 때마다 다른 노래를 선택해서 게임을 한다. DDR을 할 때마다 매번 전과는 다른 리듬에 박자를 맞춰야 하는 것이다. 동일한 기간 훈련을 했을 때, 매번 다른 리듬으로 훈련하는 것보다는 고정된 리듬으로 훈련을 했을 때 리듬 인지와 운동 타이밍 맞추는 능력이 더 많이 향상된다. 그래서 DDR로 리듬 훈련을 한다면, 고정된 리듬에 맞춰 훈련하는 것에 비해 더 많은 훈련 시간이 필요하다. 그나마 매번 같은 음악을 선택해서 훈련하는 것이 조금이라도 더 나을 것이다.

세 번째 부족한 점은 IM 훈련이 신체 모든 부위를 사용하는 동작으로 타이밍을 맞추도록 하는 데 비해 DDR로 하는 리듬 훈련은 정해지지 않은 동작을 무작위로 실행하기 때문에 운동 계획을 하는 회로가 활성화되는 데에 한계가 있다는 점이다. IM에서 요구하는 훈련 동작은 신체의 말단 부위를 최대한 사용하고 몸의 균형을 잡도록 고안된 동작들로 구성되어 있다. 동작의 형태와 순서를 머릿속으로 생각하면서 정확하게 몸동작을 실행하면, 운동이 이루어지는 과정에서 운동 계획을 하는 회로가 활성화된다. 이 회로는 두뇌의 억제 회로를 활성화시킨다. 박자에 어긋난 시간이 화면에 표시되고, 이 시각적 피드백을 받아 계획을 세워서 동작을 실행하면, 두뇌에서는 억제 회로가 활성화되는 것이다. 억제 회로의 활성화는 궁극적으로 충동성 조절에 도움이 되므로 ADHD 치료에 효과적일 수 있다.

결과적으로 DDR은 리듬에 운동 타이밍을 맞추는 능력 향상을 위한 훈련으로써의 효과가 전혀 없지는 않지만, IM을 비롯해 리듬 타이밍 훈련만을 목적으로 개발된 전문 도구에 비해서는 효율이 많이 떨어진다.

도구 없이 리듬 타이밍 훈련을 하고 싶다면 음악에 맞춰 춤추기를 할 수도 있다. 춤추기를 열심히 배우면 언어나 읽기 능력이 좋아진다는 연구 결과들도 있다. 춤만 춘다고 난독증이 다 치료되는 것은 아니지만, 난독증 치료를 받으면서 춤추기를 병행한다면 치료에 도움이 될 수 있을 것이다.

유치원생 아이들을 두 그룹으로 나누어서 한 그룹은 보통의 유치원 교육을 하고, 다른 한 그룹은 노래와 율동을 주로 하는 교육을 한 후, 그 아이들이 3학년이 되었을 때 난독증 유병률을 조사했더니 노래와 율동을 많이 한 그룹의 난독증 유병률이 낮았다는 연구 결과가 있다.

달라진 아이들의 이야기
실제 훈련 사례

Case 1

"모든 소리가 나를 공격하는 것 같아"

— 청각 과민증 여고생 —

고등학교 1학년 여학생 A가 내원하였다. 중학교 때까지는 반에서 1등이었는데 고등학교에 들어가서는 1학년 1학기 성적이 전교생 620명 중 160등 전후로 대폭 하락하여 그 원인을 찾기 위해 온 것이었다. 몇 가지 검사와 상담을 통해 이 학생이 소리 자극에 대단히 민감해서 작은 소리에도 주의집중이 흐트러지는 문제가 있다는 것을 파악할 수 있었다.

A는 학교 수업 시간에 집중하기가 힘들었다. 다른 학생들이 책장을 넘기거나 부스럭거리는 소리, 연필 굴러떨어지는 소리, 운동장에서 체육 수업을 하는 학생들의 떠드는 소리가 신경 쓰여 선생님의 말을 상당 부분 놓칠 수밖에 없었다.

A는 아주 조그만 소음이라도 있으면 신경이 날카로워지고 짜증이 난다고 했다. 자신이 다른 사람에 비해 소음에 취약하다는 것을 알고는 있었지만, 그렇다고 아무도 없는 곳에 가서 혼자 살 수

는 없으니 어떻게든 스스로 극복해야 한다고 생각하고 있었다.

의대 진학이 목표인 A는 성적을 올리고 싶은 마음이 절박했다. 하지만 학원이나 독서실에는 갈 수가 없었다. 학원이나 독서실에서는 여러 학생이 모여 공부를 하게 되므로 소음이 전혀 없을 수는 없기 때문이었다. 결국 학교 수업도 놓치는 내용이 많은 상태에서 학원도 다니지 않으니까 독학을 하는 것이나 다름없었다.

평소 A는 학교를 마치고 집에 오면 저녁 식사 후 곧바로 잠을 청하고 새벽 1시경에 일어나 그때부터 공부를 했다. 새벽 시간은 소음이 별로 없고 조용해서 공부하기에 좋았다. 소음을 피하기 위한 궁여지책으로 다른 학생들과는 다른 생활 패턴으로 살았던 것이다. 덕분에 중학교 때까지는 반에서 1~2등을 했다. 그런데 고등학교에 들어가서는 1학년 1학기 성적이 중학교 때에 비해 너무 많이 떨어졌다. 교육열 높은 지역에 살면서 학원에 가지 않고 혼자 공부하는 것은 동급생 친구들과 비교할 때 매우 불리했다. 중학교 때까지는 이렇게 공부해서 1등을 할 수 있었지만, 고등학교에 가서는 한계에 부딪히고 말았다.

A의 문제를 해결하기 위한 열쇠는 과연 어디에 있을까? 답은 청각인지에 있다.

A가 작은 소리만 들려도 전혀 집중할 수 없었던 것은 중이 이소골의 정상적인 움직임을 조절하는 등자근이 제대로 기능을 하지 못했기 때문이다. 이소골이 외부에서 들어오는 소리의 공기전도를

원활하게 해주지 못하고, 이로 인해 고막의 진동이 정상적인 공기 전도를 만들지 못하면서 소리 전달이 공기전도로 이루어져야 하는데 골전도를 유발하는 현상이 일어난 것이다. 소리를 들을 때 골전도가 공기전도를 압도하면, 필요 없는 소리를 거르지 못해 너무 많은 소리가 두뇌로 입력되고, 그 소리들에 압도된다. 이렇게 되면 작은 소리에도 교감신경계가 활성화되면서 몸이 경직되고 짜증이 날 수 있고, 집중이 깨진다.

A의 문제를 해결하기 위해서는 등자근의 운동성을 향상시키는 훈련이 필요했다. 스트레칭 훈련을 충분히 시켜줌으로써 등자근의 탄력성이 좋아지게 만들고 순발력을 향상시켜야 했다. 등자근의 순발력이 좋아지면 시간에 따른 공기압의 변동에 의해 만들어진 고막의 떨림에 대해 이소골의 움직임이 정확하게 동기화되어 청각신경계로 공기전도 소리를 정확히 전달할 수 있게 된다. 소리를 듣는 주된 경로가 공기전도로 이루어지면 소리정보가 과도하게 두뇌로 입력되지 않기 때문에 주위의 온갖 소리들로부터 공격당하는 것을 피할 수 있다.

팔과 다리의 근육은 의지대로 움직일 수 있는 수의근(Voluntary Muscle)이라 운동을 하려고 마음만 먹으면 언제든지 할 수 있다. 즉, 능동적 운동(Active Movement)이 가능하다. 그런데 중이 등자근은 불수의근(Involuntary Muscle)이라 운동을 하려 해도 의지대로 할 수가 없다. 등자근을 운동시키려면 피동 운동(Passive Exercise)을 시켜야 한다. 등자근의 움직임은 고막의 떨림에 의해 유발되므로 등자근을 운동시키기 위해서는 소리를 들려주어서 고막의 떨림을 만들어야 한다.

A가 평생 소리 속에서 살아왔는데도 불구하고 등자근의 운동성이 나쁘다는 것은 A의 경우 일상에서 듣는 소리만으로는 등자근의 운동성을 향상시킬 수 없다는 의미가 된다. 그렇다면 어떤 소리를 들려주어야 등자근의 기능을 향상시켜 공기전도로 들어오는 소리에 대한 중이 이소골의 응답성을 향상시킬 수 있을까? 이를 위해서는 일정 비율로 아주 낮은 소리와 아주 높은 소리를 교대로 들려주는 훈련을 해야 한다.

우선 등자근을 최대한 스트레칭하기 위해 찢어지지 않는 범위에서 최대한 큰 폭으로 고막이 움직이도록 낮은 주파수의 저음을 들려주고, 다음으로는 높은 주파수의 고음을 들려준다. 이를 통해 고막의 빠른 움직임을 만들어 등자근의 순발력 있고 민첩한 움직임을 유도해야 한다. 이렇게 아주 낮은 소리와 아주 높은 소리를 등자근이 단련될 만큼 충분한 시간 동안 교대로 들려주면 등자근의 기능을 향상시킬 수 있다.

이런 등자근 훈련을 나는 '이어로빅(Earrobic)' 훈련이라고 부른다. 귀로 하는 에어로빅(Aerobic)이라는 뜻이다.

A는 이어로빅 훈련을 100시간 동안 하고 나서 집중력 문제를 극복할 수 있었다. 공부에 필요한 끈기, 사고력, 추론 능력, 개념화

능력 등은 이미 갖추고 있었던 덕분에 성적도 수직 상승했다. 고등학교 1학년 2학기 성적은 영어, 수학, 국어 등이 전교 1등이 된 것이다. 그 뒤 A는 2학년, 3학년이 되어서도 최상위권 성적을 유지하여 목표했던 의과대학에 합격할 수 있었고, 현재는 전공의 과정을 밟고 있다.

만약 A가 이어로빅 훈련을 하지 않았다면 아마도 의사가 되겠다는 희망을 실현할 수 없지 않았을까 생각된다.

Case 2

자신만의 세상에서 껍질을 깨고 나오다

— 45개월 전반적 발달장애 유아 —

45개월 된 유아 B가 내원하였다. B는 24개월까지 '엄마'라는 말을 못했고, 이름을 불러도 반응이 없었고, 유독 빙빙 돌아가는 물건(특히 바퀴)에 집착을 보여 길을 가다가도 유모차, 자전거, 자동차 등의 바퀴를 보느라 길바닥에 엎드리는 바람에 가던 길을 제대로 가기가 어려웠다. 30개월이 되었을 때, 대학병원에서 발달 검사를 받았고, 36개월에는 지능 검사를 받았다. 베일리 발달 검사에서는 전반적인 영역에서 발달의 지연을 보였고, 지능은 71이었다.

36개월부터 발달센터에서 치료를 시작하였다. 일주일에 언어치료 2시간, 놀이치료 2시간, 감각통합치료 2시간씩 총 6시간의 치료를 받았는데, 9개월간의 치료에도 불구하고 이상 행동, 언어나 상호작용 부분에서 약간의 호전은 있었지만 의미 있는 큰 진전은 없었다. 그러던 중 45개월이 되었을 때 본원에 내원하게 된 것이다.

나는 B의 부모님에게 청각인지 훈련 도구를 이용하여 아이의 청각인지 능력을 향상시켜 주면 말소리의 최소 단위인 음소를 구별할 만큼 소리의 미세한 차이를 구별할 수 있게 되고, 이는 곧 아이의 언어 발달을 가속화 해 줄 수 있다고 설명하였다. 두뇌의 청각인지 기능이 정교해져야 언어 발달을 촉진할 수 있고, 언어 발달이 제대로 이루어져야 다른 사람들과의 상호작용이 좋아지는 것이라고도 하였다.

기존에 하던 언어치료, 놀이치료, 감각통합치료를 그대로 병행하면서, 본원에서 훈련을 시작하였다. 처음에는 아이가 헤드셋을 쓰지 않으려고 해서 훈련을 시작하기가 힘들었다. 첫날은 15분 정도 훈련하였고, 조금씩 시간을 늘려나가 훈련을 시작한 지 일주일 후부터 매일 하루에 1시간씩 훈련할 수 있게 되었다.

한 달이 지나자 담당 언어치료사로부터 전보다 언어 발달이 빨라졌다는 말을 들었다. 3개월이 지나자 이번에는 아이가 "왜?"라는 질문을 하기 시작했다. "왜?"라는 질문을 시작했다는 것은 유아가 눈에 보이는 세상을 하나씩 알아가기 위해 적극적으로 주위에 관심을 가지기 시작했다는 의미이며, 세상의 모든 것들과 소통하려는 적극적인 의지를 보인 중요한 사건이다. 두꺼운 껍질에 둘러싸여 세상과 차단된 채 자기만의 세상에서 갇혀 지내던 아이가 자신을 둘러싼 환경과 소통하기 시작한 것이다. 이제 이 아이는 세상의 모든 것과 소통하면서 세상의 이치를 배울 준비가 되었다는 의미이기도 하다.

5개월이 지나서부터는 언어치료와 놀이치료는 계속하면서, 감각통합치료를 중지하고 6명을 한 반으로 하는 사회성 훈련을 받도록 하였다.

한편으로 B는 글자에도 집착하는 양상을 보였다. 그래서 글자가 없는 그림책을 가지고 부모님이 스토리를 만들어서 아이에게 이야기를 해주는 '그림책 읽기'를 권유했다. 그림책 읽기는 아이의 반응을 보면서 부모와 아이가 상호작용을 하는 방법으로 사회성 향상에 많은 도움이 된다. 안에서는 부모와 상호작용을 많이 하는 동시에 밖에서는 도구를 이용한 청각인지 훈련과 언어치료, 사회성 훈련을 계속하였다.

9개월이 지나자, B의 언어는 폭발적으로 늘어났고, 사회성도 또래 아이들에 비해서는 부족하지만 굉장히 많이 좋아졌다.

훈련을 시작할 무렵에 B의 부모님은 아이가 일반 초등학교에 진학할 수 있을지에 대해 굉장히 걱정하고 있었다. 특수학교에 대한 정보도 알아보았지만, 특수학교에 가려면 이사를 고려해야 해서 고민이 많던 중이었다. 그런데 이제는 그런 걱정이 없어졌다. 일반 학교에 다닐 수 있다는 확신이 생긴 것이다. 언어와 사회성이 거의 또래 수준으로 향상되었고, 행동 교정만 조금 도와주면 정상적인 학교생활을 할 수 있을 만큼의 상태가 되었다.

발달은 결정적으로 민감한 시기가 있고, 나이가 들수록 치료의 효율은 떨어진다. 그래서 나는 발달에 장애가 있는 유아의 부모들에게 언어치료, 놀이치료, 감각통합치료 등 해줄 수 있는 치료는 최대한 많은 종류를 최대의 시간을 투입해서 해주어야 한다고 조언한다. 그리고 할 수 있는 모든 치료를 하면서 청각인지 훈련을 반드시 병행해야 한다. 청각인지가 좋아지면 다른 치료의 효율이 훨씬 좋아진다. 언어치료를 받다가 본원에 오는 아이들의 부모가 공통적으로 하는 말이 있는데, 언어치료만 할 때보다 청각인지 훈련을 병행하면서 언어가 눈에 띄게 늘었다는 것이다.

지능이 정상이면서 언어에만 어려움이 있는 경우에는 다른 언어치료 없이 청각인지 훈련과 리듬-타이밍 훈련만으로도 많은 개선이 가능하다.

Case 3

"이젠 뭐든 잘할 수 있어요"

— 초등학교 1학년 자폐스펙트럼장애 아이 —

초등학교에 입학한 지 한 달이 채 안 된 발달장애 아이 C가 내원하였다. 자폐스펙트럼장애가 있으면서 언어, 인지, 사회성, 자조(自助), 소근육 운동과 같은 발달의 여러 영역이 모두 지체되어 있었고, 특히 언어 발달이 많이 느려서 4세까지도 '엄마'라는 말을 하지 못했다. 만 3세 무렵부터 언어치료, 놀이치료, 감각통합치료, 운동치료를 일주일에 20시간씩 받았지만 만족할 만한 발달의 향상은 없었다. 처음 내원 시 짧은 인사말조차 발음이 어려운 상태였다. '안녕하'까지는 그런대로 알아들을 수 있었지만 '세요?'는 'ㅅ' 소리를 제대로 내지 못해서 알아들을 수가 없었다.

본원에서 인지 향상을 위한 훈련을 하루 3시간씩 매일 하게 되면서 지난 3년 동안 해 왔던 언어치료, 놀이치료, 감각통합치료는 모두 중단하였다. 의사소통이 어려운 탓에 처음에는 훈련시키기가 쉽지 않았다. C는 잠시도 쉬지 않고 '아~~~'라는 소리를 냈고, 치료사가 지시 사항을 말해도 '아~~'라는 소리만 낼 뿐 의미 있는 응답이 없었다.

나는 C가 항상 '아~~~'라는 소리를 내고 있는 이유가 주위의 수많은 소리가 걸러지지 않은 채 청각신경계에 과도하게 들어가 결과적으로 온갖 소리로부터 심한 공격을 받고 있기 때문일 것으로 생각했다. 소리들의 총공격에 공포를 느낀 아이는 스스로 소리를 만들어 내서 자신을 방어하려고 하는 것이다.

이렇게 소리의 공격에 무방비로 노출된 아이는 치료사의 지시에 따르지 못하고 아무 응답도 할 수 없다. 이런 상태에서는 언어치료, 놀이치료 같은 각종 치료를 아무리 열심히 해도 밑 빠진 독에 물 붓기나 다름없다.

C에게 필요 없는 소리를 걸러내고, 필요한 소리는 증폭시키는 중이의 기능을 향상시키기 위해 도구를 이용한 청각인지 훈련을 우선 시행했다. 매일 하루 1시간씩 훈련을 하면서 1개월 정도 지나자, 아이가 항상 내던 '아~~~' 소리를 더 이상 내지 않았다. 등자근의 기능이 좋아지면서 중이의 기능이 살아났고, 들려오는 모든 소리 가운데 필요 없는 소리를 걸러낼 수 있게 된 것이다. 즉 소리의 공격에서 벗어나게 된 것이다. 이때부터는 C가 지시 사항을 조금씩 따를 수 있게 되었으므로 시각 인지 훈련과 리듬-타이밍 훈련도 시작할 수 있게 되었다.

훈련의 목표는 인지 기능 향상이었다. 자폐스펙트럼장애 아이가 보이는 여러 증상은 감각 기관을 통해 들어오는 정보들을 제대로 처리하고 다루지 못하기 때문이다. 그것은 감각 기관을 통과한 감각 정보들이 무엇인지를 다른 아이들처럼 구별해서 알 수 있다면 겪지 않을 문제들이다. 외부 자극 인지 능력 중에서도 청각인지와 시각 인지가 가장 중요하고, 그중에도 청각인지가 더 중요하다.

C는 2년간 매일 3시간씩 청각과 시각 인지 훈련을 계속하였다. 그동안 C에게는 많은 변화가 일어났다. 본원에서 훈련을 시작하면서 세돌 때부터 3년 동안 받았던 언어치료, 놀이치료를 모두 중단하였는데도 불구하고 언어 능력이 엄청나게 향상되었다. 치료사 선생님들과의 의사소통이 좋아졌고, 일반 학교의 특수 학급에 다니던 아이가 3학년 때부터는 일반학급에서 생활할 수 있게 되었다. 기초학력진단평가도 무사히 통과했다. 또래보다 4~5년 뒤처져 있던 발달을 불과 2년 사이에 거의 따라잡은 것이다.

3학년 1학기 중반부터는 날마다 하던 인지 향상 훈련을 종료하고, 아이의 학습적인 요소와 사회성 부족을 채워주는 쪽으로 교육과 훈련의 방향을 바꾸었다. 그렇게 또 2년이 지나 5학년이 되자 피아노와 바이올린, 드럼 연주를 배우고, 한자 급수 시험에 합격하고 중국어를 배우고, 혼자서 버스를 타고 시간 맞춰 학원에 가기도 하면서 평범한 아이들과 다름없는 생활을 할 수 있게 되었다.

나는 C가 성인이 되었을 때의 모습이 많이 궁금하고 기대된다.

아이가 4학년이 되었을 때 아이 엄마가 웃으면서 했던 말이 생각난다.

"내가 우리 아이보다 하루만 더 살게 해 달라고 기도했었는데, 이젠 그럴 필요가 없어졌어요!"

Case 4

"영어 난독증도 있나요?"

— 영어를 못 읽는 초등학교 4학년 난독증 아이 —

1년간 영어학원에 다녔어도 Apple, Love 같은 쉬운 영어 단어 하나 읽지 못하는 초등학교 4학년 D가 내원하였다. D는 한글을 배울 때도 애를 먹었던 전력이 있었다. 1년 동안 한글을 배웠는데도 글자를 미처 다 깨치지 못한 채 초등학교에 입학했고, 난독증 치료 센터에 1년간 다닌 후에야 간신히 한글을 읽을 수 있게 되었다고 했다.

아이가 한글을 읽게 되자 엄마는 난독증이 다 치료된 것으로 여겼으나 영어를 배우면서 한글을 처음 배울 때와 똑같은 난관에 봉착하자 또다시 고민에 빠지게 되었다.

엄마는 이런 질문을 하였다.

"영어 난독증 치료 센터를 찾아봤지만 없었어요. 혹시 여기서 영어 난독증도 치료할 수 있나요?"

난독증으로 모국어 읽기를 어려워하는 사람에게 외국어 읽기 학습은 더더욱 어렵다. 난독증이 유발되는 메커니즘은 구어 언어를 구성하는 소리들의 미세한 청각적 특성을 정밀하게 구별하는 능력이 부족해서인데, 모국어 음소 구분도 어려운 난독증인에게 영어 음소 구별은 더더욱 어려울 수밖에 없다.

만일 어떤 학생이 전혀 어려움 없이 한글을 습득했고, 국어 읽기 능력에는 문제가 없는데 영어 읽기만 잘 안된다면, 그것은 영어 난독증이 아니라 영어 공부가 부족한 것이다. 그 학생은 영어 공부를 더 많이 하면 된다.

그런데 D처럼 한글을 어렵게 습득해서 그럭저럭 읽을 수는 있게 되었지만 동급생들에 비해 읽기 능력이 뒤처지면서 영어 습득에도 곤란을 겪는다면 난독증이라고 할 수 있다. 이런 경우 영어 학원에 다니면서 영어 공부를 더 많이 한다고 해도 영어를 읽기는 어렵다.

엄마는 아이의 난독증이 치료된 것으로 여겼지만, 검사를 해보니 아이의 국어 읽기 능력은 하위 3% 수준으로 동급생들에 비해 많이 뒤처져 있었다. 읽을 수는 있었지만 읽기 능력이 또래보다 한참 뒤처지고, 읽기 어려움의 근본 원인인 소리의 미세한 특성 인지 능력이 나이에 맞게 발달하지 못한 상태였던 것이다.

학원을 중단하고 6개월간 매일 3시간씩 청각인지 훈련 및 리듬-타이밍 훈련, 시각 훈련을 하였다. 처음 한두 달 동안은 아무런 변화가 없었다. 읽기가 안 돼서 온 아이에게 읽기는 안 시키고 박자에 맞춰 박수치기를 시키고 음악을 들려주는 등 읽기와는 전혀 관련 없어 보이는 훈련을 시키는 것이 미심쩍은지 엄마는 조바심을 내며 "언제쯤 영어를 읽을 수 있어요?"라고 묻곤 했다.

3개월이 지나자 D는 중간고사에서 국어 점수가 크게 올랐다. 기대도 안 했던 국어 점수가 오르자 아이도 엄마도 깜짝 놀랐다. 당장 영어를 읽게 된 것은 아니지만 언어 인지가 좋아지기 시작했음을 알리는 의미 있는 변화였다.

그렇게 3개월이 또 지난 어느 날부터 D는 드디어 영어 파닉스가 되기 시작했다. 소리와 글자의 관계를 조금씩 이해하게 되면서 쉬운 영어단어를 읽을 수 있게 된 것이다. 학원을 1년간 다녀도 안 되던 영어 읽기가 학원도 안 다니면서 청각 훈련과 리듬 훈련만 받았는데 되자 엄마는 무척 신기해했다. D는 "이젠 나도 친구들처럼 영어를 읽을 수 있다"며 기뻐했다.

난독증의 주된 문제는 음운 인식의 어려움이다. 음운 인식 능력이 좋으려면 소리의 높낮이나 시간 길이, 두 소리 사이의 시간 간격을 비롯한 소리의 미세한 특성을 정확히 인지할 수 있어야 한다. 소리의 미세한 특성 인지 능력이 또래 수준으로 발달하지 못하면 모국어 읽기 능력은 물론이고, 외국어인 영어 읽기 능력도 또래만큼 발달하지 못한다. 외국어는 모국어보다 구어 언어 자극을 받은 경험이 적기 때문에 외국어 음운 인식은 모국어 음운 인식보다 훨씬 어렵다.

읽기에 필요한 두뇌 기능으로는 음운 인식, 일반 인지, 작업 기억, 주의집중, 시각 정보 처리, 청각 정보 처리, 시각 정보와 청각 정보의 동기화 기능 등이 있다. 난독증 치료를 위해서는 단순히 문자를 보고 소리 내어 읽기를 훈련시키기보다는 읽기에 관여하는 두뇌 기능을 향상시켜 주어야 한다. 그래야 국어든 영어든 읽기 학습에 어려움이 없어진다.

모국어를 읽을 때는 전혀 문제가 없는데 영어를 읽을 때만 난독증이 있다고 주장하는 사람이 있다면, 단순히 영어 학습량이 부족한 사람이거나 아니면 모국에 읽기에 난독증이 있는데도 본인이 인지하지 못하고 있을 가능성이 높다. 대개 난독증이 있으면 모국어보다 외국어를 읽을 때 더 심한 어려움을 겪는다.

내 핸드폰 사진첩 속에는 아직도 7살 J가 그린 그림이 저장되어 있다. 5년 전 유치원생 J는 교수인 엄마 손에 이끌려 우리 병원에 찾아왔다. 초등학교 입학이 몇 달 남지 않았는데 J는 한글을 전혀 읽지 못했다. 지능에는 문제가 없었지만 말과 행동이 모두 느릿느릿했다. 전형적인 난독증이었다.

그런데 하얀 종이와 연필 한 자루를 주면 J의 눈빛이 완전히 달라졌다. 공룡과 로봇 그리기를 특히 좋아했는데 스케치에 열중할 때면 아이답지 않게 진지한 모습이었다. J가 그린 공룡 그림은 놀라웠다. 이글거리는 두 눈알은 금방이라도 튀어나올 듯했고 온몸의 비늘 하나하나가 살아 있는 것처럼 생생했다. 영국에서 미술을 전공한 딸아이에게 J의 그림을 보여주자 "미술교육도 받지 않은 어린아이가 원근법을 알고 있다"며 놀라워했다. J는 그 뒤 몇 년간 꾸준히 훈련한 끝에 책도 잘 읽고 공부도 잘하고 그림도 잘 그리며 행복하게 살아가고 있다.

가끔 내가 아직 만나보지 못한 세상의 많은 난독증 아이들에 대해 생각해 보곤 한다. 얼마나 많은 아이들의 재능, 꿈, 희망이 치료받지 못한 난독증 뒤에 가려져 저평가되고 무시되고 있을까, J가 유치원에서 그림 잘 그리는 아이가 아닌 글 못 읽는 아이로 통했던 것처럼 말이다. J처럼 조기에 치료받을 기회를 가진 아이들은 운이 좋은 편에 속할 것이다. 그렇지 못한 아이들이 세상에 더 많기 때문이다.

한 아이가 변화한다는 것은 아이가 속한 가정이 변화하는 것이고 아이가 살아갈 미래가 변하는 것이다. 그래서 이 일은 나 같은 의사 한 명만의 몫이 아니라 우리 사회가, 우리 공교육이 함께 짊어지고 고민하고 노력할 문제라고 생각한다.

글을 못 읽는 아이, 말이 느린 아이, 글씨를 삐뚤빼뚤 쓰는 아이, 산만하고 주의집중이 안 되는 아이…. 겉으로 나타나는 증상은 각기 다르지만 결국 치료법은 같았다. 듣기를 교정하여 청각인지가 좋아지고 운동 타이밍을 훈련시켜 리듬 인지가 좋아지면 글을 읽고 쓰고 공부하는 능력, 말하고 듣고 기억하는 능력, 집중력, 계획을 세워 행동하는 능력 등 생활과 학습 전반에 걸친 능력이 향상되었다.

그런데 아이들에게 훈련을 시킨다는 것은 말처럼 쉬운 일이 아니었다. 새로운 신경 회로를 만든다는 것은 어떤 의미에서는 두뇌의 재탄생과도 같은 일이다. 그리고 탄생에는 언제나 산고(產苦)가 따르기 마련이다. 바닥에 드러누워 훈련을 거부하는 아이, 울고불고 떼쓰며 엄마만 찾는 아이, 엄마에게는 훈련 간다고 거짓말하고 다른 곳으로 도망쳐버린 아이, 매일 똑같이 반복되는 훈련이 힘들고 지겨웠던 나머지 "나중에 크면 선생님에게 꼭 복수하러 오겠다!"고 엄포를 놓는 아이…. 훈련실의 하루하루는 그렇게 치열했다.

누구는 3개월, 누구는 6개월, 또 누구는 1년. 매일매일 그렇게 축적된 시간들은 어느 날 문득 확연한 변화의 모습으로 드러났다. 아이 스스로 자신의 변화를 느끼기도 했고, 때론 부모님이, 때론 선생님이 아이의 달라진 모습을 감지하기도 했다. 두뇌의 새로운 청각 신경회로를 만드느라 보낸 그 시간들은 아이들에게도 나에게도 힘들었지만, 또 한편으로 정말 보람 있는 시간들로 기억될 것이다. 변화된 아이들이 주는 그 기쁨에 중독되어 나는 앞으로도 오래 이 일을 계속할 것 같다.

이 책이 발달이나 학습에 문제가 있는 아이들과 함께하고 있는 부모, 교사, 의사, 음악치료사, 작업치료사, 언어치료사를 비롯한 여러 직역의 사람들이 힘들어하는 아이들을 이해하고 교육하고 치료하는 데 도움이 되기를 바란다. 아울러 지원이 필요한 아이들에게 특화된 교육적, 의학적 대안을 제공하고자 하는 공교육에 작은 길잡이 역할이 될 수 있기를 소망하는 바이다.

푸른 오월의 어느 날
진료실에서
박세근